发现犹太人丛书

DISCOVERING
THE JEWS SERIES

犹太人的
财富之谜

THE MYSTERY
OF THE JEWISH WEALTH

[以色列]
丹·拉维夫 (Dan Raviv) **尼西姆·米沙尔** (Nissim Mishal) 著

施冬健 编译

清華大學出版社
北京

北京市版权局著作权合同登记号 图字：01-2019-1832

图书在版编目 (CIP) 数据

犹太人的财富之谜 / （以）丹·拉维夫 (Dan Raviv)，（以）尼西姆·米沙尔 （Nissim Mishal）著；施冬健编译. — 北京：清华大学出版社，2020.5 （发现犹太人丛书）

书名原文：The Mystery of the Jewish Mind, THE MYSTERY OF THE JEWISH WEALTH
ISBN 978-7-302-52773-2

Ⅰ. ①犹⋯ Ⅱ. ①丹⋯ ②尼⋯ ③施⋯ Ⅲ. ①犹太人—企业家—生平事迹—世界 Ⅳ. ①K815.38

中国版本图书馆CIP数据核字（2019）第076983号

责任编辑：王如月
装帧设计：储 平
责任校对：王凤芝
责任印制：沈 露

出版发行：清华大学出版社
网 址：http://www.tup.com.cn, http://www.wqbook.com
地 址：北京清华大学学研大厦A座 邮 编：100084
社 总 机：010-62770175 邮 购：010-62786544
投稿与读者服务：010-62776969, c-service@tup.tsinghua.edu.cn
质量反馈：010-62772015, zhiliang@tup.tsinghua.edu.cn
印 装 者：三河市吉祥印务有限公司
经 销：全国新华书店
开 本：148mm×210mm 印 张：6.75 字 数：134千字
版 次：2020年5月第1版 印 次：2020年5月第1次印刷
定 价：48.00元

产品编号：082883-01

以色列总统致辞

נשיא המדינה

Jerusalem, January 24, 2019
Adarl 9, 5779

The Jewish People and the Chinese nation both emerged from ancient and rich cultures with deep and strong roots that go back many centuries and even millennia in human history. Both these ancient and modern cultures have made significant and major contributions to the growth of human thought and development.

I am very pleased to see the publication in the Chinese language of this series "Discovering the Jews". The growing interaction and cooperation between our two nations are very welcome and I believe that through learning from each other, both our nations will be able to enrich their own cultures thus leading to the evolving of even more innovative developments, that may bring benefit to both nations.

Our two nations have developed into what they are today through certain ideals that we share. Both the Jews and the Chinese share a strong emphasis on education that kept our two nations strong through the ages and continues today, while release from the colonial yoke allowed the creative skills of the Chinese nation to grow and flourish.

The Jewish People's survival through centuries of exile and hardship was rooted in that firm commitment to the education of the young generations that ensured the preservation of our culture. This, together with development of skills, born of necessity, required to adapt in order to survive in ever-changing and difficult circumstances enabled the acquisition of the creative and innovative approaches that have led to Israel becoming known as the "Start-Up Nation".

The publication of these books in Chinese, will, I hope, help members of the great Chinese nation become more familiar with our people and promote an even closer friendship and fruitful collaboration between Israel and China.

R. Rivlin

Reuven (Ruvi) Rivlin

犹太民族和中华民族都有着悠久的历史和灿烂的文化，其深厚的文化根基在人类历史上可以追溯到数百甚至数千年前。以中两国的古今文明都为人类思想的进步和发展作出了杰出的贡献。

我非常高兴地看到"发现犹太人丛书"中文版的出版。以中两国之间日益增长的交流与合作令人欣喜，我相信，通过相互学习，我们两国的文化都将更加丰富多彩，从而推动更多的创新发展，为两国带来益处。

以中两国文明都通过各自的方式发展到了今天。犹太人和中国人都非常重视教育。这也使得我们两国即使历经岁月的洗礼，依然保持创造力并延续至今。

犹太民族之所以能够在数世纪的流离失所和苦难中得以生存发展，是源自于对年轻一代教育的坚定承诺。它确保了我们的文化得以传承发扬。再加上在不断变化的、困难的环境中生存所需的必要技能的发展进步，赋予了我们创造和创新的方法，从而让以色列成为了众所周知的"创新之国"。

我希望，这套中文丛书的出版，将有助于伟大的中国人民更加了解以色列人民，推进两国之间的友谊，让以中两国的合作结出丰硕的成果。

[以色列]鲁文·里夫林

于耶路撒冷

犹太历 5779 年 12 月 9 日

（公元 2019 年 1 月 24 日）

致亲爱的中国读者

我叫丹·拉维夫,出生在耶路撒冷,我全身心地爱着我的国家和民族。我曾担任以色列电视台驻外记者,在华盛顿、纽约和伦敦等地都工作过。后来,我在中国内地、新加坡和中国澳门地区工作、生活了16年。近年,我回到以色列,担任 Compass 投资集团的股东兼总裁,与中国政府部门有着密切的合作。

我和中国的缘分,似乎是冥冥之中已经注定了。两个古老的民族之间相互欣赏,以中关系日趋紧密,这些都是中国经历带给我的强烈感受。

为什么,仅占世界人口千分之二的犹太民族能够在科学技术、财富创造、电影制作等众多领域成就斐然?

为什么,饱受仇视、暴虐甚至遭受过大屠杀的犹太民族能在近两千年的大流散中顽强地生存下来?

为什么,年轻的以色列国能在恐怖动荡的环境下快速跻身世界强国之列？

为什么，犹太人能特立独行，面向未来不断地挑战各种不可能？

犹太人的成就，是源自他们的教育、奉献、幽默和创新精神，还是出于生存本能和对生活的热爱？

……

越来越多的中国朋友向我提出诸如此类的问题。因此，我组织了几位以色列优秀的作家和记者集体编写"发现犹太人丛书"，希望为中国朋友们解密犹太人的心路历程。

欢迎开启充满趣味性和启发性的犹太思想之旅！我相信，"发现犹太人丛书"是迄今为止面向中国读者介绍犹太民族的最权威、最系统的著作之一。

这套丛书共 6 册，书中探讨的 100 多位人物塑造了我们共同的世界。书中既没有沉闷的学术味，也不是简单的史料堆砌，我们尽力以轻松的笔墨传播严肃的内容。

我希望，通过他们的成功故事，中国读者朋友们不仅可以解密犹太人的思维方式、行为习惯和创新精神，也可以从中获得灵感，为事业成功助力。

丛书的每一册都选取了 18 位人物，这并非偶然。在希伯来语中，"18"代表着名词"生命"和动词"活着"。很多犹太人脖子上的挂件带有"18"符号，象征着对"生命"和"活着"的热爱。在第二次世界大战期间，占当时全球犹太人总数三分之一的 600

万犹太人被纳粹灭绝。"生命"和"活着"这两个普普通通的词，对于经历过大屠杀的犹太民族来说却有着不同寻常的意义。

清华大学出版社的人文和社科编辑室为本丛书出版提供了细致周到的支持和指导，在此表示由衷的感谢！

同时，感谢参与编译本丛书的安小艺女士、施冬健教授、毛妮女士。感谢安小艺女士为本丛书从发起到出版所做的大量指导和协调工作。安女士曾在以色列留学和工作多年，对犹太人的社会和文化有着深刻的理解，视以色列为第二故乡，是中以友好关系的积极推行者。

最需要感谢的是阅读本丛书的中国朋友们，我们希望能了解您，也希望您了解我们。

您的以色列朋友

丹·拉维夫

2018 年 8 月 18 日

数千年来，犹太人在商界成就卓著。本书主要讲述了现代犹太企业家和管理者如何创立大型跨国公司和知名品牌。让我们按照时间顺序，从遥远的传说讲起……

目录

约瑟夫
Joseph

1 /

约瑟夫：
统领埃及王国的牧羊人

千百年来，犹太人一直视《托拉》为"经典中的经典"。约瑟夫的故事便出自《托拉》，作为犹太人中的第一个富人，这个名字在犹太人中家喻户晓。

约瑟夫（Joseph）生活在公元前二世纪，也就是青铜时代。他所在的希伯来部落是犹太人的祖先，作为游牧民族，他们住在帐篷里，在现在被称为"以色列国"的土地上生活。约瑟夫一生历经漂泊，背井离乡，最终进入了法老的宫廷，成为整个埃及王国的管理者。

后世许多成功的犹太人，都从约瑟夫的故事中汲取智慧和获取灵感。

父亲的宠儿，兄弟们的仇敌

约瑟夫的故事，起源于他的父亲雅各去拜访舅舅拉班。拉班和雅各都是牧羊人，但拉班有固定住所，相对富裕，拥有很多牲畜。雅各走到拉班家附近时，停下来在一口井边喝水。拉班的女儿瑞秋正在放羊，也刚好来到同一口井边给羊群喂水。雅各帮助她搬开封住井口的石头，两人一见钟情。

雅各向舅舅提亲，拉班提出条件：雅各必须留下来为他干七年活儿，才可以举行婚礼。雅各接受了这个条件，满怀期待地劳作了七年。然而到头来拉班却欺骗了他。

按习俗，新娘要蒙着脸举行婚礼。雅各在黑暗中进入洞房，第二天早晨才发现新娘是利亚。利亚是雅各的姐姐，没有妹妹那么漂亮。面对雅各的抱怨，拉班告诉他，按照传统，姐姐应当先于妹妹结婚，如果雅各能再为他干七年活，就可以娶瑞秋为妻。雅各又答应了。

七年后，雅各与瑞秋终于成婚。除了利亚（当时允许一夫多妻），雅各还另娶了两个小妾齐帕和比拉，来伺候他和两位妻子。他和利亚生有一女六儿，和齐帕、比拉各有两个儿子。但是，雅各和瑞秋婚后直到第六年，他们的第一个儿子才出生。瑞秋恳求上帝能让他们再添一子，就给孩子起名"约瑟夫"（希伯来语中"增添"的意思）。

约瑟夫出生后，雅各离开拉班家，带着妻妾、孩子和仆人们，还有许多牛、鹿、绵羊、山羊、骆驼和驴，在他的土地上游牧。九年后，瑞秋的祈祷应验了，她生下了次子便雅悯，自己却不幸死于难产。

出于对瑞秋的爱以及老来得子的原因，雅各最宠爱约瑟夫和便雅悯。雅各送给约瑟夫一件条纹斗篷，它在当时被认为是特别珍贵的礼物。兄弟们嫉妒约瑟夫的斗篷以及父亲对他的偏爱。约瑟夫向父亲告状后情况变得更糟，兄弟们开始讨厌他，不再和他说话。

17岁时，约瑟夫做了两个梦。第一次，他梦见自己和11个兄弟正在收集麦捆，麦捆立在地里，11个麦捆突然向他下拜；第二次，他梦见太阳（象征着他的父亲）、月亮（象征着他的母亲）和11颗星星（象征着他的兄弟们）围着自己，向自己下拜。他把这两个梦告诉了父亲和兄弟们。雅各斥责了他，兄弟们则更加嫉恨他。

有一天，受父亲之托，约瑟夫去找在另一处牧羊的兄弟们，看看他们在做什么。看到远处走来的约瑟夫，有几个兄弟提议："看啊，做梦的人来了。杀了他吧，把他扔进坑里，我们就知道他的梦会变成什么样子。"长兄鲁本不同意杀约瑟夫，提议把他扔进坑里。最后，兄弟们擒住约瑟夫，剥去斗篷，把他扔进一个没有水的空坑里，放了他一条生路。

惩罚完约瑟夫，几个兄弟坐下来吃饭，这时候看到有一群商人带着骆驼和货物从附近经过，在犹大的建议下，他们以20个银锭的价格把约瑟夫卖给了商人。为了掩盖罪行，他们宰了一只山羊，回家后把浸过羊血的斗篷交给了父亲。雅各以为约瑟夫已经被野兽吞食，悲痛不已。

解梦，拯救埃及王国

到达埃及后，商人们把约瑟夫卖给了埃及王宫侍卫长波提乏做仆人。约瑟夫机灵、英俊又勤快，很得波提乏赏识。不久，波提乏便让约瑟夫当了管家。

波提乏的妻子爱上了约瑟夫，开始勾引他。约瑟夫拒绝了："我不会做这种大恶之事，这是对上帝犯罪。"但这个女人继续纠缠，有一天，她抓住约瑟夫的衣服，约瑟夫吓得逃到室外，却将衣服留在了她的手里。她唤来仆人，谎称约瑟夫试图强奸她。

波提乏大发雷霆，把约瑟夫扔进了王宫的地牢里。很快，监狱看守们就对乖巧的约瑟夫另眼相看，让他看管其他囚犯。

在此之前，王宫葡萄酒酒庄主管和王宫面包店主管冒犯了法老。法老把两个主管都投入了约瑟夫所在的监狱。一天晚上，他俩各自做了个梦。醒来后，他们觉得梦和约瑟夫有关，就请他解梦。酒庄主管梦见一棵葡萄树，上面有三串葡萄。葡萄已经成熟，他把葡萄挤进法老杯里，把杯子递到法老手里。面包店主管梦见自己把三个篮子放在肩上，里面装着为国王准备的糕点。突然一只鸟飞来，吃掉了点心。

约瑟夫对酒庄主管说："三日之内，法老会让你官复原职，荣耀依旧。"他又对面包店主管说:"三日之内,法老会砍下你的头,把你的尸体吊在树上让鸟儿啄食。"约瑟夫的解释应验了,酒庄主管被释放,面包店主管被处决。

两年后,法老做了两个梦。第一次,他在梦中站在尼罗河岸边,看见七头肥而美的母牛走出河水,来到芦苇丛吃草。随后,七头又瘦又丑的母牛走出河水,把七头肥牛撕成碎片。第二次,他在梦中看到七捆饱满的禾捆,被旁边七捆瘦弱干瘪的禾捆撕碎。

法老召来大臣和牧师们,请他们解梦,但没有一个人能够说出个所以然。酒庄主管想起了约瑟夫,告诉法老约瑟夫是如何在监狱里解梦的。法老释放了约瑟夫,请他为自己解梦。

约瑟夫禀告法老:很快就会有七年丰收,收获的庄稼堆积如山;随之而来的是七年旱灾,庄稼歉收,饥荒肆虐。

约瑟夫向法老建议,将七个丰年的余粮储存起来,以便七个荒年之用。法老同意了,并全权委托约瑟夫实施这一计划。他对约瑟夫说:"没有比你更聪明、更有洞察力的人了。你来当埃及宰相,所有人都听命于你。"

约瑟夫,一个30岁的牧羊人、囚犯,成为世界上最富有王国的宰相。法老赐给约瑟夫一个埃及名字"撒发那忒巴内亚",以及一枚象征着权力和地位的戒指、一幢大房子、一辆马车和一群仆人。他还将祭司波提非拉的女儿亚西纳赐婚给他。后来,亚西纳为约瑟夫生了两个儿子。

约瑟夫(撒发那忒巴内亚)有条不紊地执行计划。七个丰年中，他走遍整个埃及，从农民那里收集庄稼和食物，储存在城市和王宫的仓库中，直到仓库中的谷物"像海边的沙一样多"。

灾荒年到了，饥饿的埃及人向法老抱怨，法老说："找撒发那忒巴内亚去吧，他会告诉你们该做什么。"约瑟夫打开仓库，把面包、小麦和蔬菜卖给民众。

为了换取食物，埃及人掏光了银子，变卖了土地，把牛羊和马都牵到国王的马厩里去了。最后，除了祭司的土地，埃及所有的土地都变成了法老的财产，法律禁止约瑟夫带走。埃及人失去了财产，但是得以在灾年幸存。

兄弟团聚，不计前嫌

埃及的周边国家也遭遇了旱灾，包括雅各一家居住的地区。听说埃及还有余粮后，雅各吩咐十个儿子骑马到埃及购买食物，让便雅悯留在家里，因为他担心小儿子会在路上遭遇不测。

十兄弟来到埃及，被送到了撒发那忒巴内亚（约瑟夫）面前。约瑟夫认出了哥哥们，哥哥们却没有认出他来。

约瑟夫假装不认识他们，宣称他们是来为敌人收集情报的间谍，命人把他们关进监狱。约瑟夫听到了他们之间的嘀咕："上帝是在惩罚我们对兄弟所做的事啊。"离开哥哥们后，约瑟夫嚎啕大哭。但在面对他们时，约瑟夫表现得冷漠高傲。哥哥们告诉约瑟夫，最小的弟弟和父亲留在家里。约瑟夫灵机一动，意识到这正是试探哥哥们的好机会。他告诉哥哥们，他们中的一个将被囚禁，其余九人被释放回家后，再带上最小的弟弟一起回到埃及。如果他们带着弟弟回来，被囚禁的这位兄弟就会被释放；如果他们不能带弟弟回来，他就会判他们间谍罪。于是，西缅被留在埃及，其余九人被释放回家。

约瑟夫卖给哥哥们许多粮食，换回银锭。在他们出发之前，约瑟夫偷偷地把换来的银锭藏在粮食袋里。在回家途中，哥哥们发现了银锭，十分惊恐，他们担心：如果再回到埃及，他们不仅会被判间谍罪，还会被判偷窃罪。

雅各不想让儿子们把便雅悯带到埃及。于是兄弟们就留在家中，没有回埃及去。但很快，他们带回来的食物就被吃光了，他们必须回去了。儿子们对雅各说："您如果答应便雅悯和我们同去埃及，我们就能活下来，否则，我们一家三代都会饿死。"雅各终于同意了。除了上次的银锭，雅各让他们额外带一些银锭，还带上家里剩下的一些蜂蜜、花生和杏仁，以求得那位埃及宰相的宽恕。

哥哥们回到撒发那忒巴内亚（约瑟夫）那里，战战兢兢地告诉他："不知道是谁把银锭放回了我们的粮食袋里。"让他们想不到的是，约瑟夫回答道："别担心，那是上帝赐给你们的。"西缅被释放，回到兄弟们中间。约瑟夫给兄弟们水和食物，又向他们的父亲问好。

但是当兄弟们再次上路时，"怪事"再次发生。约瑟夫把一只银杯藏在便雅悯的口袋里。然后，他吩咐仆人们去追捕兄弟们，控告他们偷了银杯。兄弟们被抓回来后，苦苦央求约瑟夫宽恕便雅悯："一个兄弟（约瑟夫）已经失散了，难道你想让我们失去第二个兄弟吗？"听到这里，约瑟夫再也控制不住自己。他屏退左右，放声大哭，说道："我就是约瑟夫。"

哥哥们都吓得说不出话来，约瑟夫安慰道："不必为过去的事忧愁，上帝又把我送回到你们中间了。"他拥抱并亲吻了兄弟们。

得知约瑟夫兄弟团聚、重归于好，法老也很高兴，让约瑟夫的兄弟们"在埃及看中什么就拿什么"。约瑟夫给了他们满载着食物、礼物和财宝的马车。当年，他被以 20 个银锭的价格卖掉，如今却给了兄弟们每人数百个银锭。

在法老的邀请下，雅各全家来到埃及。但他们是牧羊人，不习惯与务农的埃及人生活在一起。于是，法老赐给他们一块肥沃的土地，让他们世世代代幸福、富足、平安地生活在埃及。雅各12 个儿子的后裔们，后来发展成以色列民族的"十二支派"。

是传说还是真实的历史？

约瑟夫的故事来自犹太教圣书《托拉》，也出现在基督教和伊斯兰教的经典中。作为西方文学作品中的著名人物，约瑟夫的故事还出现在近代西方著名的艺术作品中，例如《约瑟夫和他的兄弟们》和音乐剧《约瑟夫和神奇的彩色梦衣》。

历史上约瑟夫是真实存在，或是（抑或只是一个承载道德故事的虚构人物？对此，历史学家意见不一，根据《历代志》和考古发现，《圣经》故事中所描述的情况与公元前 2000 年的中东境况很吻合。

有关约瑟夫及妻子亚西纳的故事，犹太教和基督教经典中的说法不一。《托拉》中记载，亚西纳是一位美丽的处女，曾拒绝过许多追求者。法老和亚西纳的父亲想把她嫁给约瑟夫，但她一听说对方是个外国游牧民就拒绝了。然而，当她透过窗户看到英俊的约瑟夫时，就爱上了他。约瑟夫却不肯娶她为妻，因为她信奉埃及众神，而不是希伯来人唯一的真神。沮丧的亚西纳把自己关在闺房里，穿上丧服，进行斋戒，睡在泥土上，并下令毁了神像，把自己的财产分给穷人。约瑟夫听说后，也爱上了她，娶她为妻。

而基督教的版本则是，亚西纳其实是约瑟夫的外甥女。约瑟夫的姐姐迪娜被强奸后，怀孕并生下了亚西纳，她从小被一位净过身的埃及圣僧收养。

不管真相如何，约瑟夫的传说已经成为历史的一部分。以色列海法大学的历史学家乌里·艾米太博士说："历史上有很多犹太人发现自己处在痛苦、被压迫与各种困境中而无法自拔。这时候，他们会想到约瑟夫，思考如何像他一样将磨难变成动力，不但要战胜困难，还要成为富人，帮助犹太同胞。"

为什么约瑟夫的故事和本书中其他犹太人成功的故事有很多相似之处？也许这就是原因吧！

耶胡达 · 哈纳西
Yehuda HaNassi

2 /

耶胡达·哈纳西：
领袖、学者和大亨

古书中记载的犹太大亨，可以追溯到两千多年前。耶胡达·哈纳西（Yehuda HaNassi）就生活在公元二三世纪，他是犹太民族的伟大领袖、宗教和精神导师，参与撰写了几部犹太圣典，同时也是一位富豪。

哈纳西出身贵族，继承了一大笔家族遗产。他坐拥大量土地、果园、酒厂、渔船、牛群、织造所和香料作坊等，应有尽有。他的骡子商队将货物运到远方，他的座驾是一辆豪华车子，由一对白色骡子拉着，这在当时相当奢侈。

据传说，哈纳西的女儿嫁给了一个富商的儿子。婚礼十分奢华，花费了 2.4 亿个金币（也许确切数目是 24 万个金币）。即使这些传说被夸大了，历史学家仍然相信哈纳西极其富有。

哈纳西住在地中海沿岸一个干旱的山地小国，即今天的以色列。很久以前，犹太人在那里建立了"犹大王国"（Kingdom of Judea）。但是，这个王国后因陷入内战而逐渐衰落，庞大的罗马帝国最终征服了该地区并统治达数百年之久。

在罗马人的允许下，犹太人成立了一个由 71 位拉比（犹太宗教领袖）组成的委员会，根据犹太人的传统和法律管理内部事务。耶胡达·哈纳西的祖父加米利尔也是一位拉比，曾担任拉比委员会的领袖。加米利尔英年早逝，当时他的儿子希蒙（耶胡达·哈纳西的父亲）很小就被送到一所宗教学校学习。

战争阴影下的童年

犹太人不断发动针对罗马当局的大规模暴动。罗马人残酷地镇压暴动，大肆屠杀犹太人，把成千上万的犹太人变成奴隶，并摧毁了他们辉煌的圣殿。囚犯们被绑在驴尾巴上，被驴拖着穿过街道，妇女们成为罗马士兵的性奴，许多城市和村庄都完全被摧毁了。

犹太人反抗罗马人的最后一次起义发生在公元 132 年，当时希蒙·哈纳西正在宗教学校专心学习宗教。在起义的尾声阶段，罗马人逐个包围并征服犹太人的城镇，最后来到了他所就读的城市。他和一些同学发誓："战斗到底，用我们的笔挖出罗马人的眼睛。"城市沦陷后，罗马人开始屠城，他侥幸逃脱。

数年后，耶胡达·哈纳西出生。起义被镇压后，罗马人禁止犹太人实行他们的习俗（包括行割礼等）。为男孩施行割礼，是犹太人的习俗。

据传说，罗马总督听说希蒙·哈纳西夫妇秘密给儿子施行了割礼，就将他们一家三口押解到意大利，交由恺撒审判。在审判期间，小婴儿哈纳西被交给了恺撒儿子的保姆。当恺撒要求验看耶胡达·哈纳西的包皮时，保姆竟把两个婴儿弄混了。恺撒一时没有认出接受验看的婴儿是自己的儿子，看到婴儿没有受割礼，便认为这次审判是没事找事。恺撒命令杀掉总督，又大笑着释放了希蒙·耶胡达一家。西方古谚语说，喝同一口奶长大的人就像兄弟一样亲密。关于婴儿哈纳西的这个故事，与他后来成为罗马恺撒密友的传说倒是十分吻合。

另有故事说，父亲希蒙·耶胡达常年逃亡，东躲西藏。小哈纳西在父亲缺位的环境下长大，被送到不同的老师那里学习，他羡慕那些有父亲教导的孩子。父亲回家后安慰小哈纳西，并预言他会成为犹太同胞的杰出领袖。

恺撒死后，他的儿子与犹太人和解，犹太人也明白他们无力反抗罗马帝国，暴动者被赦免并返回家园。后来，希蒙·哈纳西被推选为拉比委员会的领袖，并终身担任这个职位。后来，哈纳西继承父亲的职位，任职数十年直到去世。对犹太人来说，和平与幸福的那些年，哈纳西居功至伟。

罗马恺撒的朋友

耶胡达·哈纳西成了罗马人的盟友，他与罗马政府官员交好，说罗马语言，穿罗马服装，梳着与犹太人不同的发型。

据史料记载，哈纳西是罗马恺撒安东尼努斯的密友，他们多次见面并长谈哲学。据传说，恺撒甚至曾经邀请他参与罗马政权。还有一种说法是，在哈纳西家与恺撒罗马宫殿的 2 300 公里之间，有一条秘密通道，他们经由这条通道互相拜访。

一些历史学家认为，哈纳西确实遇到了一位叫安东尼努斯（东汉年间，此人向中国派遣了第一个罗马代表团）的罗马恺撒，并与他私交甚笃。

公元二世纪末期，两位罗马巨头之间爆发了一场争夺恺撒王位的战争。哈纳西领导犹太人帮助其中的一个人赢得胜利并成为恺撒。念及哈纳西的支持，恺撒减少了犹太人的税收，允许他们自行收税。犹太人成为罗马帝国的公民，有些犹太人甚至获任罗马帝国政府的公职。

与罗马人的友好关系，帮助哈纳西赢得了权威和财富。他从罗马人那里租了大片土地，把骡子卖给罗马军队，并获得了种植香料的特别许可。哈纳西还雇用武士，成立了专司保卫和处决犹太罪犯的私人卫队。虽然罗马官方法律禁止犹太人拥有武装，罗马统治者却对此置若罔闻。

灵活务实的"经济改革"

哈纳西还是一位伟大的立法者。对于犹太人来说，圣书中记载的法律规范都来自上帝，是神圣的"禁忌"，虔诚信教的犹太人至今仍坚守这些律法。但是，在现实生活中，像哈纳西这样的高级拉比，是被允许通过辩论颁布修正案的。当年哈纳西洞察市场规律，颁布了几项意义深远的修正案，帮助犹太人获得了商业成功。

根据犹太律法，犹太人不得通过借贷获取利息。这条法律虽然出于避免富人剥削穷人的考虑，但是也带来了富人拒绝借钱帮助穷人的问题。对此，哈纳西颁布了法律修正案：如果贷款人先要求利息然后放弃，他就是无罪的；但是，不管贷款人是否豁免利息，借款人都应当支付利息。这样一来，贷款一方事实上是可以收取利息的。在一些拉比的支持下，这条修正案被写进了法律，成为神圣戒律的一部分。显然，一个发达经济体不可能离开利息而存在。

另一条古老的犹太律法则要求，犹太人每七年中必须休耕一年。在这一安息年里，禁止农民耕种庄稼、禁止销售农产品。土地上自然长出的庄稼成为当年的公共财产，用来供养没有土地的人和贫穷的老百姓。这条法律对于最贫穷的犹太人是有利的，但给大多数拥有小种植园的犹太人带来了麻烦。哈纳西于是做出了这样的修正：允许农民在禁耕年的年底立即出售农产品。据说，

15

一位农民在休耕结束几天后找到哈纳西，手里拿着两个驼峰般的大萝卜。农夫请求哈纳西允许他卖萝卜。哈纳西问："这是什么时候种的？"农夫回答说："在休耕结束后的第一天。"哈纳西眨眨眼，笑了笑，同意了。

还有一条与安息年类似的古老犹太律法，它要求工匠、农民、奴隶（甚至动物）每工作六天后休息一天。现代全球通行的以周划分时间，并将周日设定为休息日（尽管犹太人在周六休息）的惯例，就源于这条法律。据说，现代西方大学的全职教员，每工作六年后在第七年带薪休假。当今许多国家都沿用的这些惯例，也源于这条法律。

归根到底，后两条律法都源于犹太教经典《托拉》。其中提到，上帝用六天时间创造了世界，在第七天休息。

我们无法估量哈纳西推行的"经济改革"对犹太人积累财富的深远影响，但至少在当时，犹太人的境况有了惊人的改善：城市发展了，许多犹太人从事商业贸易发财致富，修建了大房子、公共浴室、集贸市场和美观的祈祷室。

忍辱负重，以德报怨

毫无疑问，哈纳西也有对立面。在拉比委员会中，以平查斯为核心的一群拉比（主要是清贫的学者）憎恨他，并且试图推翻他的统治。同样作为学者，平查斯清贫而富有魅力，许多人甚至相信他具有创造奇迹的超能力。在古代犹太学者的传说中，哈纳西差遣了几位使者与平查斯磋商，但平查斯用一场从天而降的火雨驱逐了使者。

平查斯派系对哈纳西的怨气，主要源于他的富有。哈纳西和他的反对者笃信宗教——和印度婆罗门或佛教僧侣一样。一些犹太宗教先哲认为，生命应当专注于祷告和精神追求，追逐物质财富就是一种执念。

平查斯派系还看不惯哈纳西和可恶的罗马人走得太近。他们反对他制定的法律，认为其中一些法律是有利于哈纳西自己的商业利益的，对他拥有的权力和地位不服气。平查斯派系尤其看不起哈纳西的女婿，认为他是养尊处优、舍得买昂贵的镜子和梳子的花花公子，还是不会读书写字的傻瓜。这些人在公开场合嘲笑他，其实也是对哈纳西本人的羞辱。

但哈纳西并没有使用权力来镇压反对者，没有把他们交给罗马人，也没有派卫队来杀害或驱逐他们。相反，他选择以德报怨。哈纳西恭敬平和地与反对者交流，还帮助他们。他确保贫穷的学生和学者免于苛税，邀请平查斯到自己的豪宅用餐，并向他通报自己与罗马政府的接触情况。哈纳西向反对者证明了他们是需要他的。就这样，他在与他们和平相处的同时也稳稳保住了自己的地位。

虽然同为犹太人的领袖，但哈纳西和平查斯的个性与视野却大相径庭。作为学者的平查斯是重道德的清流典范，他严于律己，坐而论道；而作为政治家的哈纳西却是重事功的循吏套路，力求成效，疏于操守。他深知当时犹太人的力量不足以与罗马帝国分庭抗礼，所以退而求其次与罗马人交好，对平查斯派系以德报怨，为犹太人赢得了休养生息的机会。

据传说，在哈纳西治下的某一年，以色列大部分地区发生了严重的旱灾。他开仓放粮赈灾，让所有贫穷的拉比和学者领到粮食，却唯独把普通穷人排除在外。哈纳西的一名学生乔装成普通教徒，恳求他"像喂狗一样"施舍食物，还是被拒绝了。哈纳西的儿子则坚持要求父亲救济这位普通教徒。哈纳西这才幡然悔悟，向所有穷人开放粮仓。据说粮仓里粮食很多，足够所有贫穷的犹太人饱腹。

80 岁时，哈纳西因肠胃失调去世。在他的统治下，以色列社会和平稳定、经济快速增长，是历史上的盛世之一。

据说，在哈纳西弥留之际，他痛苦无助地躺着，身边围着一群医生和仆人。他突然坐起来，仰视上苍，把空空的手掌最大限度地张开，说道："我要离开这个世界了，我来的时候两手空空来，走的时候也两手空空去。"

戴维·本－梅蒙

David Ben-Maimon

3 /

戴维·本-梅蒙：
葬身大海的宝石商人

在茫茫无际的大海上，暴风卷起巨浪，一艘商船被抛起又跌落。船舱里，船主戴维·本-梅蒙（David Ben-Maimon）和助手们紧紧抓住各种固定物，尽管胃里翻江倒海，心中仍祈祷着神的保佑。

这艘商船从埃及起航，驶往印度，目的是要在两地销售特色珠宝。本-梅蒙望着身边的大量黄金、珍珠和绿宝石，又下意识地捏了捏紧紧绑在身上的名贵珠宝和数百个第纳尔[1]，脑海中浮现出妻子、幼女和哥哥的身影。出发前，他只给家里留了几十个第纳尔。

1　当时埃及的货币被称为第纳尔（Dinar）。

他在心中默念："全家人都靠着我生活，他们等着我回家，我可不能出事啊。"突然，一股冲天巨浪迎面拍来……

犹太人成了一个游商民族

公元 1140 年到 1145 年之间（确切年份不详），戴维·本-梅蒙出生于欧洲南部的安达卢西亚王国。当时的犹太人并没有生活在故乡，而是作为少数族裔流散在欧洲、中东和北非的许多国家。

公元前 6 世纪，犹太人被来自巴比伦王国的征服者逐出了故土。散居各地的犹太人，建立了历史上第一批移民社区。巴比伦人驱逐了许多族裔，大多数族裔都融入了新的环境，而犹太人即使离开了故土，依旧保持其独特的宗教律法和习俗。

在接下来的 2500 年里，犹太人不断迁徙，并在这些土地上建立了更多的移民社区。这些社区接纳因战争和贫穷而离开故土的犹太人，以及在犹太宗教中获得精神慰藉的其他族裔。在耶胡达·哈纳西所处的时代，大多数犹太人已经离开了故土；在戴维·本-梅蒙所处的 12 世纪，留在故土的犹太人只有区区数千人。

犹太移民通常生活在城市，互帮互助。那时候，许多犹太人是银匠、铁匠、制革匠、油漆匠、皮匠、屠夫、裁缝、医生、口译员、簿记员、银行家和商人。犹太社区接待着为生意而四处奔波的犹太商人。他们懂多种语言（居住国的语言、自己古老的希伯来母语，以及犹太社区中形成的独特方言），并在做生意时使用这些语言。他们跨国旅行，赚取商品的地区差价，兑换货币，慢慢发展出一群国际犹太商人。

从耶胡达·哈纳西到戴维·本-梅蒙之间的这900年里，西方世界发生了巨变。埃及、巴比伦、希腊、罗马等古典文明，连同它们的国家、语言、宗教、习俗、建筑和服饰一起消失了。取代他们的是今天仍然存在的两大文明——阿拉伯文明和欧洲文明，中东和北非的阿拉伯文明，以伊斯兰教为中心；欧洲文明，则以基督教为中心。

财富和教育，成为犹太人最重要的生存手段。犹太人攀附统治者和贵族，成为他们的私人工匠以获得保护，借钱给他们，与他们做生意。由于基督教徒和穆斯林之间没有贸易往来，犹太商人就成为他们的中间人，从而在国际贸易中赢得了重要地位。犹太商人穿过丝绸之路，航行印度洋，到达印度和中国。印度和中国都以辽阔富饶的国土、精美的手工品和繁荣富裕的经济而闻名西方。在中国北宋时期，犹太商人甚至在开封建立了一个小型的犹太社区。

特拉维夫大学的历史学家亚龙·本-阿米（Yaron Ben-Ami）博士认为："犹太人比其他族裔早几千年经历了全球化。犹太商人比竞争者更具流动性，这是他们的巨大优势。他们没有土地、武器或地位，但他们拥有更大的资产——专业技能、教育和金钱。"很多犹太人就是这样变得富有的，戴维·本-梅蒙就是其中之一。

在不断逃亡中度过童年

戴维·本-梅蒙，在穆斯林王国安达卢西亚的首都科尔多瓦长大。科尔多瓦是一个繁华的城市，到处都是鲜花盛开的花园，其商业、医学、科学、哲学、诗歌和音乐也蓬勃发展。许多犹太人与穆斯林一起生活在科尔多瓦，其中有商人、科学家、宗教领袖和艺术家。

本-梅蒙的家族名叫奥瓦迪亚，是科尔多瓦的名门望族。他的父亲梅蒙是一位拉比和天文学家，曾担任科尔多瓦犹太社区的领袖、法官和国王管理犹太社区的代理人——类似于罗马统治时期的耶胡达·哈纳西。他的两个儿子在童年的苦难中幸存下来，并长大成人。本-梅蒙的哥哥摩西是一位医生和学者，被誉为最伟大的犹太哲学家和西方世界最伟大的哲学家之一。由于西方古书很少讲述商人的生活，我们只好透过哥哥摩西的故事来了解戴维·本-梅蒙。

据传说，摩西的母亲死于难产。她是一个小村庄里屠夫的女儿。梅蒙在梦中见到了她，听到一个声音说这位姑娘就是他的意中人，于是就前往提亲。梅蒙深爱着妻子，在她死后拒绝再婚。本-梅蒙比哥哥摩西小几岁，所以母亲可能是在本-梅蒙出生时，或者是在他童年的某个时候去世。还有另外一种可能，梅蒙再婚，第二任妻子生下本-梅蒙不久后去世。

无论怎样，在 1148 年，当摩西 10 岁，本-梅蒙还幼小时，他们的母亲已经去世。由于政局的变动，父亲被迫带着两个儿子踏上了漫长而艰难的逃亡旅程。

安达卢西亚王国，被一个狂热的伊斯兰教派——阿尔摩哈德派接管。该教派的领袖威胁说，犹太人要么皈依伊斯兰教，要么离开。那些既不愿皈依伊斯兰教又拒绝离开的犹太人，被残忍屠杀。

西方世界禁止人们同时信仰两种宗教，犹太人成为穆斯林意味着必须背弃对犹太宗教的虔诚信仰。一旦皈依伊斯兰教，就不能再参加犹太宗教仪式、阅读犹太宗教文本或履行犹太宗教的戒律。在那个年代，宗教在西方世界中处于核心地位。一个人的名字、身份、地位、价值观、衣着、饮食、歌曲、家庭、婚姻，以及所信仰的一切都与其宗教有关。改变宗教信仰，意味着改变一切。

梅蒙卖掉了大房子，带上孩子们，驾着马车加入了逃往地中海岸边安达卢西亚的难民大军。三年后，阿尔摩哈德教派也占领了那座城市，梅蒙带着孩子们乘船继续逃离。

梅蒙一家原计划彻底逃离阿尔摩哈德统治区，但由于某种原因（可能是梅蒙担心幼子本-梅蒙经受不住长途航行），他们在摩洛哥的阿尔摩哈德管辖区内停了下来，并居住了五年。在摩洛哥，他们表面上过着穆斯林式的生活，背地里仍然秘密地坚持犹太教仪式。在被和他们曾有过节的一位犹太人揭发后，梅蒙一家被迫逃离。几年后，阿尔摩哈德统治者取消了针对犹太人的法令，但此时在路途中的梅蒙并没有得到消息，仍然带着孩子们继续颠沛流离。

他们横渡地中海，定居在犹太人的古老家园。但这片故土已经被穆斯林们和基督徒占领，他们互相争斗，暴力和掠夺随处可见。

到达故土五个月后，一家人继续出发。他们骑着骆驼穿越沙漠，于1158年到达埃及。从那时起，他们终于摆脱了险境。他们先到了地中海沿岸的亚历山大港，再到尼罗河沿岸的福斯塔特。精疲力竭的梅蒙和摩西不想再漂泊了，于是他们停留下来，此后再未离开过埃及。而年轻气盛的本–梅蒙，还想继续旅行。

手足情深，相得益彰

梅蒙从安达卢西亚带来的存款支撑着一家人的长期旅行。穆斯林国家有发达的银行系统，他们可以在一国存款、在另一国取款。在旅行中，大胆而务实的少年本–梅蒙开始倒卖商品。

长年的结伴旅行，让兄弟俩走得更近了。青年摩西保护着少年本–梅蒙，教他读书写字、学习圣书。起初，他们都想成为商人。赴埃及途中，他们商定在埃及合开一家公司，同时一起研究圣书和哲学。

摩西从小非常聪明好学。在艰苦的旅行中，他依然阅读了大量圣书、科学和哲学书籍。在 13 岁离开西班牙之前，他已经开始著书。19 岁到达埃及后，他就以"一个天才的拉比和哲学家"闻名于犹太社区。他还研究医学，向犹太儿童和青年教授《圣经》。

父亲梅蒙积劳成疾，到达埃及后一病不起。兄弟俩谁来接手家族生意呢？他们经过商量，决定哥哥摩西专注学术，弟弟本-梅蒙从商。按照现代经济学的比较优势理论，兄弟俩从事各自擅长的工作，可以实现家庭利益的最大化。

在竞争激烈的市场中，企业必须要有清晰的战略定位才有望在同行中脱颖而出。竞争战略理论，对于现代商业世界的企业家和管理者来说只是常识，但是古代商人显然没有这些概念。在经济许可的范围内，几乎所有商人都是什么盈利做什么，运货的船上充斥着五花八门的商品，常见的有羊、面粉、豆类、干果、熏肉、糖、油、颜料和香料、皮革、丝绸和棉花等等。负责驾船和搬运处理货物的奴隶们，他们也被当作一类商品，常常在完成一趟航行后便被卖掉。

但本-梅蒙有更远大的理想。他专注于宝石生意，骑马奔波在矿场之间，寻找、购买宝石，然后在珠宝市场上售出。借用今天的商业术语，他采用了高端定位和集中化战略。

后来，兄弟俩都结婚了，本-梅蒙育有一个女儿，摩西有两个儿子。在久病的父亲梅蒙去世后不久，摩西的两个儿子也夭折了。随后，摩西的妻子也去世了，也许死于某种瘟疫，也许死于丧子之痛。本-梅蒙成了摩西唯一的亲人，也是整个家庭的经济支柱。

一路上，本-梅蒙和摩西两人每天一起诵读圣书。哥哥以智者的言语点拨弟弟，弟弟则把生意上的事告诉哥哥。后来，摩西在一封信中写道："他会走进我阴暗的房子，告诉我他在旅途中的深邃思考，眼中闪烁着光明和幸福。"

30多岁时，本-梅蒙就成了一位富有的宝石商人，生意做得很大，扩展到了埃及以外。他买了一艘船，沿着埃及南部的红海海岸航行，寻找更遥远的矿藏和更珍稀的宝石。后来，他决定远渡重洋去印度。本-梅蒙不顾摩西的劝阻，执意前往。1177年，在完成所有准备工作后，本-梅蒙渡过红海，驶向印度洋。不幸地是，船沉入了大洋中，他再也没有回来。

弟弟的死，使摩西悲痛不已。在卧床不起一年后，摩西振作起来，因为他肩负着养活本-梅蒙的妻子和女儿的责任。摩西成为一位名医，后来被埃及法老聘为御医，专门负责王室成员的医疗保健工作。同时，他继续研究哲学，成为犹太人和穆斯林都崇敬的精神领袖。后来，摩西再婚，在66岁时平静地离世。

摩西·本-梅蒙的故事在犹太人中家喻户晓，甚至当今西方世界的许多非犹太人都知道他。相比之下，知道他弟弟戴维·本-梅蒙的人却寥寥无几。但是，摩西在生前一直想念着弟弟。在本-梅蒙死后许多年，摩西写道："弟弟的死是我一生中最大的悲剧，我会永远为他哀悼。"

唐娜·格蕾西娅·纳西

Donna Gracia Nasi

4 /

唐娜·格蕾西娅·纳西：
大慈大悲的"双面人"

　　无论在犹太或非犹太社会，商界都是男性的天下。时至现代，女性在付出巨大努力后，才开始慢慢地进入商界精英阶层。

　　即便如此，在古代犹太人中也有女大亨，唐娜·格蕾西娅·纳西（Donna Gracia Nasi）或许是其中最成功、最具影响力的。她是一位富有的银行家和慈善家，管理着一个全球商业帝国。格蕾西娅·纳西经历过艰难岁月，被迫流离失所，遭遇过革命和危险，她从容应对复杂的政治斗争，从而改变了犹太人的历史。

犹太人被迫成为基督徒

　　1510 年，格蕾西娅·纳西出生于欧洲西南部的葡萄牙。她的故事很独特：前半生是犹太人格蕾西娅·纳西，后半生是基督徒比阿特丽斯·德卢纳。让我们跟随她的故事，来理解个中原委吧。

正如我们在前一章中所说，自公元7世纪以来，西方世界就被划分为基督教王国和穆斯林统治的国家，犹太人在各国都是少数族裔。葡萄牙及其邻国西班牙分裂后，两国的南部和中部被穆斯林王国控制，北部则由较小的基督教王国控制。在穆斯林统治区，犹太人较多且经济繁荣。西班牙和葡萄牙在当时是发达国家，商业、医学、科学、哲学、诗歌和音乐都在蓬勃发展。除了穆斯林商人、科学家和艺术家之外，一些犹太人也处于上流社会中。

格蕾西娅·纳西出身于上流社会。父亲来自纳西家族，家族成员大部分是医生和犹太社区的领导人（希伯来语中，"纳西"意指"领袖"）；母亲来自从事贵金属、宝石和香料交易的富商本维尼斯特家族。

西班牙北部和葡萄牙地区的基督教派，发动了一场旷日持久的战争，以征服穆斯林的领地。当时，宗教在西方人的生活中处于核心地位。一个人的姓名、身份、地位、价值观、服饰、食物、家庭、婚姻、所唱歌曲、所读的书和所学的课程（如果他阅读和学习的话），都与宗教紧密相关，几乎每个人都深信上帝和《圣经》中的故事。

基督徒和穆斯林视彼此为邪恶，贵族战士们接受这样的教育：与其他宗教的战争是必要的、神圣的，战死者的灵魂将会升入天堂。基督徒和穆斯林都认为犹太人是邪恶的、被诅咒的。但在西班牙和葡萄牙，穆斯林视犹太人为盟友，基督徒却特别憎恶犹太人。

公元 13—15 世纪，基督徒逐渐征服了西班牙和葡萄牙。起初，在基督教的统治下，犹太人仍然生活得不错。基督教的国王们需要资金来资助他们与穆斯林及其他基督教国家之间的战争，希望成功的犹太商人留在他们的王国中。当时，基督教有一项教内禁令：放贷者不可以收利息。但是，发展经济离不开信贷。犹太人趁机开设银行，为基督徒提供贷款。本维尼斯特家族设立了这样一家银行，获利颇丰。

但是，在西班牙和葡萄牙，势力强大的基督徒对犹太人和穆斯林的强烈仇恨并未平息。在 15 世纪，成千上万的犹太人和穆斯林被杀害，还有一些人被迫皈依基督教。

当时，西班牙和葡萄牙已经是强国。海上贸易已经发展起来，造船厂开始建造需要许多桨手、可以穿越海洋的大型船只。西班牙和葡萄牙位于大西洋沿岸，两国建造了舰队，并派它们穿越大海，探索通往神秘之地的新航线，进行贸易和征服。

1492 年，随着哥伦布发现美洲大陆，西班牙军队迅速入侵，征服了北美和南美的大部分地区。西班牙水手费迪南德·麦哲伦，是历史上第一个穿越太平洋到达菲律宾的欧洲人，西班牙军队随即征服了菲律宾。1497 年，葡萄牙水手瓦斯科·达·伽马发现了一条从欧洲通往印度的海上航线，葡萄牙军队于是征服了印度和南美的巴西。在 15 世纪末期和 16 世纪，西班牙和葡萄牙从欧洲小国发展成为在各大洲都有殖民地的全球帝国。他们迫使占领区的居民皈依基督教，抗命者则被杀害。

与此同时，他们继续在本土虐待犹太人。1492 年，西班牙国王和王后决定将所有的犹太人驱逐出境。一些犹太人从西班牙坐船前往土耳其的穆斯林统治区，另有 7 万名犹太人逃到了葡萄牙。当时葡萄牙的国王若昂，欢迎成功的商人（包括犹太人）前来帮助他们建设国家。

但犹太人好运不长，在他们逃离西班牙 3 年后，若昂国王去世。他的儿子曼纽尔国王娶了西班牙国王的女儿伊尔莎·贝尔。贝尔和父母对曼纽尔施压，要求他驱逐犹太人。曼纽尔犹豫再三，提出了一个折中的办法：犹太人可以留在葡萄牙，但前提条件是必须皈依基督教。

于是，选择留在葡萄牙的犹太人，不管情愿与否都被迫在教堂里以基督教方式祈祷。他们不得去犹太教堂，不得阅读犹太经典，不得学习希伯来语或施行犹太教的戒律。他们被迫在安息日工作（安息日是犹太教中最神圣的一天，禁止工作），周日休息，吃犹太教禁忌食物。由于犹太人和基督徒有不同的名字，犹太人甚至被迫改名。

一些犹太人采取了阳奉阴违的对策，他们表面上是基督徒，暗地里仍然保持犹太教信仰并秘密地施行他们的仪式和遵守习俗。为此，当局建立了一个名为"宗教法庭"的特殊警察和法院系统，追捕那些阳奉阴违的犹太人。他们还悬赏检举者，坚守犹太习俗的人被逮捕，并在受尽折磨后被活活烧死。

尽管如此，皈依其他信仰的犹太人中，坚守犹太习俗和仪式者仍然大有人在，其中富人居多。他们是虔诚的犹太教教徒，甘愿为信仰冒生命危险：他们公开参加基督教仪式（祈祷、节日、婚礼、葬礼、为儿童洗礼），但在家中或山洞中保持着犹太教仪式；他们把犹太教经典和圣物藏在家里或山洞里，避免在安息日工作和吃禁忌食物，互相帮助保守秘密。纳西家族和本维尼斯特家族都在此列。

"双面"女孩

在葡萄牙的犹太人被迫皈依基督教 13 年后，格蕾西娅·纳西出生。她在葡萄牙首都里斯本长大，是一名基督徒，对自己的犹太身份一无所知。当着她的面，父亲阿尔韦罗和母亲菲利帕叫她比阿特丽斯，背地里则称呼她秘密的犹太名字——格蕾西娅。两个大家族也被迫改名，纳西家庭被称为"德卢纳"，本维尼斯特家族则被称为"门德斯"。在比阿特丽斯 12 岁时，父母告诉了她家庭的秘密：犹太人的身份、她的秘密名字，以及他们双重生活的真相。

当时，葡萄牙帝国日趋繁荣，格蕾西娅·纳西的家族生意也随之发展。葡萄牙人开采黄金和白银，在海外殖民地生产橡胶，进口丝绸和食品（土豆、西红柿、黑胡椒和肉桂等）。门德斯家族购买了船只，从黑胡椒进口生意中获得了巨额利润。他们扩大了银行规模，在其他欧洲国家开设了更多的分支机构，为贵族和国王提供巨额贷款。虽然基督徒也可以提供贷款，但基督教贵族们认为犹太人银行的金融服务更专业更可靠。

在父亲的安排下，18岁的比阿特丽斯嫁给了母亲的堂弟弗朗西斯科·门德斯（Francisco Mendes）。弗朗西斯科继承了门德斯家族的很大一部分生意，包括位于里斯本的家族银行分行，由此成为葡萄牙顶级富豪之一。

弗朗西斯科、比阿特丽斯以及他们的女儿安娜，住在一幢豪华的海边别墅里，还雇用了30个仆人。比阿特丽斯穿着天鹅绒、丝绸衣服，周旋于贵妇人圈子里的宴会、舞会、旅行和音乐会之中。

和比阿特丽斯一样，弗朗西斯科也秘密保留了犹太传统。他有一个秘密的犹太名字——策马赫。他们的仆人们也似乎都是秘密的犹太人。安娜长大后，也成为秘密犹太人，并知晓自己的犹太名字——瑞娜。比阿特丽斯一直惴惴不安，担心他们的秘密会暴露，就像后来发生的那样。

1537年，丈夫弗朗西斯科去世，比阿特丽斯继承了他的财产。她是一个寡妇。许多贵族们向这位富有的寡妇求爱，但她拒绝再婚。比阿特丽斯明白，如果嫁给一个基督徒，她秘密的犹太人生活就要被迫终止。拒绝再婚的反常举动引起了当局的怀疑，她决定离开葡萄牙。

"绑架"亲生女儿

弗朗西斯科的兄弟迪奥戈·门德斯（Diogo Mendes）住在荷兰王国的大城市安特卫普（现属比利时），管理家族在当地的生意。迪奥戈也是一位秘密犹太人，因此只能在穆斯林国家公开回归犹太教。

一位犹太妇女带着4个孩子逃离葡萄牙后，迪奥戈试图帮助他们继续逃往土耳其（穆斯林地区）。其中一个孩子后悔逃跑，把此事透露给了一位牧师，牧师随后向当局举报，迪奥戈被捕。为了营救迪奥戈，亲戚们贿赂官员、贵族和国王。一些迪奥戈的客户（例如英格兰国王亨利八世），把钱借给了其他国王和贵族，而迪奥戈则扮演中间人角色。为了避免迪奥戈被处死导致投资失败，他们向荷兰王国的玛丽女王施压，迪奥戈最终得以释放。

丈夫去世一年后，比阿特丽斯带着妹妹布里安德和表妹若昂迁往安特卫普。在起航前，她将资产兑换成钻石、白银和黄金，然后运上船。考虑到可能遭遇抢劫或者暴风雨的风险，她购买了一种新的金融工具——保险。所幸的是，这次旅行风平浪静。

在安特卫普，妹妹布里安德嫁给了迪奥戈·门德斯。比阿特丽斯帮助迪奥戈管理生意，并向那些被驱逐和被追捕的秘密犹太人提供金钱、设备、食物和贿赂。

比阿特丽斯继续过着奢华的生活。她在海边租了一幢豪华别墅，参加荷兰上流社会的舞会和宴会，她的朋友甚至包括玛丽女王。不过女王和其他基督教贵族朋友们都不知道比阿特丽斯和家人是秘密犹太人。

1544年，迪奥戈去世。不知何故，他没有把巨额遗产赠给妻子布里安德，而是给了妻子的姐姐比阿特丽斯。经过两次继承遗产，比阿特丽斯拥有门德斯家族的大部分财产，成为了世界上极富有的女人之一。

比阿特丽斯的女儿安娜15岁了。在诸多的求爱者中，有一位年轻富有的西班牙贵族唐·弗朗西斯科·德·阿拉贡。他在访问安特卫普时遇到了安娜，从此一见钟情，展开追求。西班牙国王卡洛斯是荷兰女王玛丽的弟弟。在收到阿拉贡的厚礼后，卡洛斯国王给妹妹写了一封长信，称赞这位贵族，王后同意了这一请求，指示比阿特丽斯把安娜嫁给阿拉贡。但是，比阿特丽斯清楚，如果唯一的女儿嫁给一位西班牙基督教贵族，她们作为秘密犹太人的生活就无法继续。于是，她决定逃离安特卫普。

比阿特丽斯的侄子兼知己若昂，住在意大利的威尼斯市。当时，威尼斯是一个独立的城邦，也是世界上的大商业中心之一。若昂管理着家族企业在威尼斯的分支，是这个城市中最富有、最受尊敬的人之一。为了避免把安娜嫁给西班牙王子，比阿特丽斯和若昂用心良苦。若昂来到安特卫普，趁比阿特丽斯不在时来到她的别墅，将安娜"绑架"到威尼斯。而比阿特丽斯宣称，她将乘船去威尼斯带回女儿。她让妹妹和仆人偷偷把财物装上船。到达威尼斯后，她切断了与安特卫普的所有联系，搬进了若昂家中，并禁止安娜与西班牙王子接触。在"绑架"过程中，若昂爱上了安娜，数年后两人成婚。

姐妹内讧

到达威尼斯后，比阿特丽斯遇到了麻烦。妹妹布里安德对迪奥戈的遗嘱提出了质疑，并起诉要夺回他的资产。姐妹俩之间出现了继承纠纷。在那个年代，犹太人之间的争议，通常要请一位犹太宗教领袖出面裁决。姐妹俩秘密找到了一位德高望重的拉比，拉比裁定：遗产应当归比阿特丽斯。布里安德一怒之下找到了统治威尼斯的贵族委员会，揭发姐姐是个秘密犹太人，并且帮助过其他秘密犹太人。

比阿特丽斯被捕了。西班牙国王卡洛斯欠了她的钱，借机跳出来，指示把她的财产没收充公。若昂利用家族与国王和贵族的关系，试图贿赂他们来救助比阿特丽斯。最终，土耳其苏丹出手相助。

土耳其苏丹苏莱曼是若昂的客户，对被基督教徒追捕的犹太人友善。苏丹要求威尼斯统治者释放比阿特丽斯。威尼斯与庞大的土耳其帝国很接近，贸易关系密切。最终，那些担心与苏丹发生争执的威尼斯贵族们释放了比阿特丽斯。

比阿特丽斯和女儿、女婿，带着仆人和财产迁往另一个意大利城邦——费雷拉。费雷拉的统治者善待犹太人，允许比阿特丽斯不用再过双重生活，并成为一个公开的犹太人。终于，比阿特丽斯·德卢纳改回格蕾西娅·纳西，女儿改名瑞娜，若昂改名约瑟夫。

在费雷拉，格蕾西娅奢华依旧，住在一处豪华别墅里，管理着一个全球商业和银行帝国。她和当地的犹太人交往甚密，购买面包分发给贫穷的犹太人，建造犹太教堂；还付钱给欧洲各国的当局，用以释放被监禁和压迫的秘密犹太人，取消死刑执行命令，并派遣船只将犹太人带到土耳其。

当时，散居各地的犹太人都带有他们居住地的方言，但是犹太圣书是用希伯来语写的，犹太人要用希伯来语书写、诵读和祈祷。但许多秘密犹太人不懂希伯来语。为了让他们成为合格的犹太人，格蕾西娅建立了一个印刷厂，雇用了翻译人员，将圣书翻译和印刷成大多数秘密犹太人所使用的语言——拉达诺语（Ladino）。

格蕾西娅的大部分时间生活在基督教社会，但她备受犹太人尊敬，因为她帮助了许多犹太人。犹太人和非犹太人开始称她为"犹太人的女王"或"犹太人的女英雄"。妹妹布里安德也被她的善良行为感动了，来到费雷拉向姐姐道歉，姐妹俩最终和解。

侄子征服了土耳其苏丹宫廷

1553 年，43 岁的格蕾西娅和女儿瑞娜迁往土耳其帝国的首都伊斯坦布尔。

格蕾西娅的侄子约瑟夫·纳西（原名若昂）在伊斯坦布尔管理家族企业的分支机构，与土耳其苏丹苏莱曼过从甚密。苏丹有两个妻子，第一位土耳其妻子为他生下了长子穆斯塔法。后来，苏丹又爱上了来自乌克兰的基督徒女仆罗克珊娜。苏丹让罗克珊娜皈依伊斯兰教，然后娶了她。罗克珊娜后来为苏丹生下了儿子萨利姆。在穆斯塔法和萨利姆争夺王位继承权的激烈斗争中，约瑟夫站在了萨利姆一边，为他出谋划策并提供经济支持。约瑟夫赌赢了！穆斯塔法被杀，萨利姆成为苏丹继承人，约瑟夫成为帝国中极有权势的贵族之一。

在萨利姆获胜后，苏丹苏莱曼邀请格蕾西娅前往伊斯坦布尔。苏丹以盛大的仪式欢迎她并送给她一处宫殿，允许她继续穿欧洲的衣服，不必穿土耳其妇女的服装。约瑟夫·纳西娶了格蕾西娅的女儿瑞娜，他们在伊斯坦布尔度过余生。

格蕾西娅继续帮助犹太人。她在土耳其开设犹太教堂和犹太学校，在欧洲基督教国家建立并管理了一个地下情报网络，帮助秘密犹太人逃往土耳其。

对抗教皇

在此期间，新教皇被选为天主教会（基督教的最大流派）的最高精神领袖。新教皇保罗四世住在意大利罗马的一座宫殿里，统治着一个小国，并拥有巨大的宗教和政治影响力。他是一个极端狂热分子，命令将逮捕的数百名秘密犹太人活活烧死。

格蕾西娅采取了大胆的行动。她呼吁所有犹太商人对教皇国进行商业抵制，不在教皇国的港口城市停泊，除非这些死刑命令被撤销。格蕾西娅和一些犹太商人停止了与教皇的生意往来，但也有一些犹太商人心存顾虑，对于是否加入抵制运动没有达成共识。最后，抵制行动失败，囚犯们被活活烧死了。

晚年的格蕾西娅，其生意做到了犹太人的古老家园——以色列地区。犹太人坚信，总有一天他们会重返故土，但实际上只有少数人住在那里。在格蕾西娅的时代，以色列地是土耳其帝国的一部分，从西班牙和葡萄牙逃出来的犹太人开始搬到以色列。

一些犹太人在遗嘱中要求葬在耶路撒冷，它是古代以色列王国的首都，也是犹太人、基督徒和穆斯林共同的圣地。格蕾西娅的丈夫弗朗西斯科·门德斯也有这样的遗愿。移居到土耳其后，格蕾西娅完成了丈夫的遗愿，在耶路撒冷建造了一座奢华的坟墓，在那里埋葬了丈夫的遗体。

后来，格蕾西娅和约瑟夫·纳西决定投资，帮助生活在以色列故土上的犹太人。他们在以色列地区的采法特市建了一家纺织厂，并雇用迁往该地的犹太人；在以色列地区的另一座城市提比亚斯购买了土地。提比亚斯市建立于罗马时期，当时所有居民都是犹太人；到了格蕾西娅的时代，城市的大多数居民都是穆斯林，犹太人只占少数。在提比亚斯，格蕾西娅和约瑟夫为苏丹收税，并在城市周围筑起了一道围墙。

有些犹太人认为，既然"犹太人的女王"在犹太人的家乡拥有土地和工厂，犹太人就能实现他们的梦想，回到以色列土地上。一些犹太家庭来到了故土并定居在提比里亚。

1559 年，在提比里亚项目进展期间，格蕾西娅去世了。土耳其的拉比们为她举行了一场奢华的葬礼，苏丹和他的宫廷成员以及来自世界各地的犹太领袖前来参加了葬礼。

格蕾西娅是历史上最富有、最有影响力的女性之一。她将一生献给了犹太同胞，因而被尊称为"犹太人的女王"。

约瑟夫·苏斯·奥本海默

Joseph Suss Oppenheimer

5 /

约瑟夫·苏斯·奥本海默：
"宫廷犹太人"的辉煌与悲剧

约瑟夫·苏斯·奥本海默（Joseph Suss Oppenheimer）生活在 18 世纪的德国。

正如我们在前几章中提到的，在中东，犹太人以少数民族的身份散居在穆斯林国家。而在德国及欧洲北部国家，大多数居民是基督徒，犹太人的处境更为糟糕。

当时，德国和整个欧洲的犹太人都被禁锢在专门配属给他们的、被称为"隔都"的犹太社区。这些小社区肮脏拥挤，一条街上的几百户房子里，挤着成千上万的犹太人。隔都黑暗潮湿，污染严重，甚至连一棵树都不能生长。一堵墙围住了犹太社区，并由武装警卫把守进出口。犹太人外出（到市内其他社区或出城）都有诸多限制：只可以白天外出；只能以小规模群体的形式外出；

只可以出于做生意或购物的目的外出。犹太人不得进入公共广场和公园，也不得观看音乐会和戏剧表演。

犹太人被视作当局的财产。为了控制犹太人口，他们必须经总督批准才可以结婚，而且对于犹太人婚礼也有数量限制。犹太人被迫穿上特殊的衣服，男人戴上尖顶帽，女人穿条纹披肩，在遇到任何基督教徒时都必须鞠躬。他们不准携带武器，常常被基督教徒殴打和虐待。犹太人被迫缴纳专门针对他们的苛捐杂税，被禁止涉足公共服务、购买土地、农业或手工劳动，只能从事贸易和商业工作。

然而，无论处境多么艰难，犹太人依然比其他族裔更关注教育。他们在每个贫民区都建立学校，每个年满 13 岁的犹太男孩都可以在学校里免费学习。孩子们学习阅读和写作、犹太教《圣经》、逻辑和数学知识。而当时，只有 15% 的德国人上学。从 13 岁起，犹太少年们就在父亲的企业里当学徒，学习贸易和会计等经商诀窍，而这些是大多数德国同龄人的知识盲区。

1698 年，约瑟夫·苏斯·奥本海默出生在德国海德堡的犹太隔都，家庭经济条件优越。父亲以萨迦是一家音乐和娱乐俱乐部的老板，有一段时间还担任过征税员。母亲米哈尔是一位在宗教仪式上表演的歌手的女儿。奥本海默幼年丧父，在一个叔叔家中长大。

少年时代的奥本海默聪明、好奇心强、喜欢冒险。他对学业不感兴趣，但在叔叔公司的工作中表现突出。长大后，他离开了叔叔，辗转法兰克福、阿姆斯特丹、布拉格和维也纳等欧洲大城市，在犹太企业里做招聘经理。

20多岁时，奥本海默担任德国曼海姆市一名基督教律师的业务经理。同时，他开了一家小银行，给基督徒放贷以获取利息。通过生意往来，他结识了一些贵族和公国领导人，由此走向了飞黄腾达。

事业有成的奥本海默，被城市当局允许搬离犹太社区，奥本海默不再遵守犹太宗教律法。但他也从未成为一名基督徒，不像他的两个兄弟完全改变了信仰，并彻底地离开了犹太社会。

犹太人掌管整个国家

18世纪的欧洲贸易繁荣，投资兴旺，股市活跃，作坊纷纷发展为工厂。但是，低效、腐败的公共服务已经跟不上商业发展的步伐。为了维护和促进自身利益，贵族、基督教牧师和商人们参与到国家的管理中。在欧洲，政府工作人员均来自贵族阶层，他们往往将家族利益置于国家利益之上。由于缺乏忠心耿耿、对国家负责的阶层，欧洲的统治者很难管理国家。

当时的德国分成由"王子"或"公爵"统治的300多个小公国，每个公国都有自己的政府、法律和货币。

国王和统治者们都需要这样的助手：受过教育、具有商业和管理才能，并且与当地贵族没有渊源。显然，犹太人是这类职位的理想人选。这些"宫廷犹太人"管理公国的预算和公共事务，代表公国进行商业谈判，其角色类似于现代国家的财政部部长。

古埃及的约瑟夫——本书第1章的主人公，也许是宫廷犹太人的鼻祖。基督徒和犹太人都在《托拉》中读到过约瑟夫的故事，并从中获得了灵感。许多宫廷犹太人都是有才干、值得信赖的顾问，他们提升了国家经济以及处理公共事务的效率，被特许可以离开隔都，住在统治者宫殿旁的漂亮房子里并过着体面的生活。同时，他们也利用自身的影响力帮助犹太同胞。

约瑟夫救了埃及，埃及人非常感激他、爱他。但是，欧洲宫廷犹太人就没有这样的好运了。欧洲的大多数基督徒都是宗教狂热分子，他们憎恨犹太人，更痛恨宫廷犹太人。残酷而贪婪的统治者们利用宫廷犹太人征收重税、中饱私囊，把利益受损者的怨气撒向宫廷犹太人。假如宫廷犹太人利用权力赚取微薄的利润或者参与剥削,将进一步招致仇恨乃至可怕的结局。约瑟夫·苏斯·奥本海默，就是这样一个典型例子。

在达姆施塔特小公国，30岁左右的奥本海默担任了公爵的宫廷犹太人。起初，他是公国的总会计师，后来被任命为财政部长。1732年，奥本海默遇到了卡尔·亚历山大公爵（Duke Karl Alexander），卡尔是符腾堡小公国的王储，两人一见如故。一年后，卡尔·亚历山大公爵在符腾堡继承了王位，立刻任命奥本海默为其私人顾问兼公国的财政部部长。

推动经济发展，剥削人民，荒淫无度

卡尔·亚历山大是一个野心勃勃、贪婪的统治者。他希望精简政府机构，发展工商业，并尽可能为自己敛财。掌权伊始，卡尔便大刀阔斧推行改革，罢免了大部分政府大臣，代之以一些唯命是从的傀儡。他委任奥本海默负责重组政府和振兴经济，奥本海默不折不扣地执行了。

奥本海默鼓励投资者在符腾堡公国经商，并开设了生产烟草、丝绸和瓷器的作坊，为陷入纠纷的企业主们仲裁调停。在卡尔的指示下，他解雇了许多公务员，成立了一个委员会来审查职位的新候选人，并将公职人员的薪水置于其监督之下。

当时的欧洲，普遍认为垄断比竞争性市场更有效率。奥本海默选择了一些企业，给予博彩、酿酒、盐业等行业以专营权。

符腾堡公国商业兴隆、经济增长，但是利益尽归统治者卡尔的囊中，国民们并没有从中享受到任何好处。在卡尔的指示下，奥本海默将银行和造币厂国有化，实际上将其变成了公爵和他的私产；对所管辖的进出口贸易、财政、分配、嫁妆、邮递、演出和马戏表演、咖啡馆等方面征收重税，两人瓜分了大部分税收收入。

奥本海默住在卡尔宫殿附近的豪华别墅里，家中充斥着他收藏的名贵艺术品。他还陪同公爵及其贵族朋友们在舞会、酒吧、音乐会和狩猎之旅中寻欢作乐。

这场改革导致了巨大的社会动荡。那些被解雇的大臣、失去权力的贵族、未获专营权的企业主，以及被课以重税的农民都被激怒了。他们怨声载道，但这与奥本海默无关，卡尔的妻子玛丽·奥古斯特夫人才是事件的源头。

基督教分为天主教、东正教、新教等不同的教派。在 16 世纪和 17 个世纪，欧洲各教派之间战乱不断。1648 年，各教派终于达成了一份和解协议，确定每个国家的统治者有权决定该国的"官方教派"。然而，非官方教派的基督徒开始遭受类似于犹太人的歧视和压迫。

符腾堡公国属于新教的一个分支流派，玛丽·奥古斯特则来自一个天主教公国。为了讨得年轻貌美夫人的欢心，卡尔决定将天主教作为公国的官方教派。他引入天主教会牧师，下令建造天主教修道院和教堂，这些巨额开支无疑来自苛捐杂税。这引起了农民们的愤怒，他们讨厌公爵，更恨他的妻子，最恨"卡尔的犹太人"。

为卡尔生了 6 个孩子后，玛丽·奥古斯特逐渐年老色衰。卡尔不断寻花问柳，甚至亵渎已婚妇女和修女——这些行为违背基督教的教义的行经，因此激怒了牧师。奥本海默也同流合污，他陪同主子逛舞会和酒吧，从基督教贵族妇女中猎艳，这些行为也完全违反了犹太教和基督教教义。

震怒的国民们不敢直接冒犯公爵，而是迁怒于"犹太人苏斯"。部长和官员们不断举报奥本海默偷窃和受贿，要求公爵解雇他。

卡尔时不时召唤奥本海默，让他解释这些指控。对此，狡猾的奥本海默采取了以退为进的策略——自请解职，用这种谦卑的态度来减轻责任，换得公爵的挽留。

部分愚蠢的农民认为所有的犹太人都是巫师，并传言奥本海默对公爵施了魔法从而获得重用，卡尔的邪恶实际上罪在奥本海默身上。这些人还断言，奥本海默也对基督徒妇女们施了魔法，从而让她们委身于他。

奥本海默尽其所能帮助犹太人。在他初到符腾堡时，只有少数犹太人被允许居住在这个公国。奥本海默劝说公爵颁布命令，允许所有犹太人都能住在符腾堡，并取消了针对犹太人的特别税。奥本海默从犹太供应商那里购买了符腾堡军队的制服和供给品，并将特许权颁给了一些犹太企业。

犹太人对奥本海默的看法是两面性的。一方面，他们感谢奥本海默的帮助；另一方面，他们痛恨其违反犹太宗教戒律以及与非犹太妇女发生关系。一些在生意上没有获得照顾的犹太富商，也加入了反对奥本海默的行列，甚至在犹太人中间，也开始传播针对奥本海默的恶毒谣言。他们说，他的父亲不是犹太人伊萨沙·奥本海默，而是一名与其母亲有风流韵事的基督教高级官员。另一个谣言说奥本海默有一个私生女，交由亲戚带大。据传闻，在他带着一些基督徒朋友看望私生女时，其中一个朋友（可能就是卡尔·亚历山大本人）试图强奸她，但她逃了出来，爬上屋顶后坠亡。

公爵驾崩，奥本海默末日来临

卡尔的统治和奥本海默的任期只持续了四年。1737年3月，卡尔·亚历山大突然死于中风。此时，卡尔的儿子查尔斯·尤金只有10岁。根据当时德国的惯例，公爵的一个亲戚鲁道夫在小王子成年之前代管公国。小王子的母亲玛丽·奥古斯特依然在世，但没有统治权威。

约瑟夫·奥本海默的职位是由卡尔·亚历山大个人任命的，因此，从公爵去世的那一刻起，约瑟夫失去了所有的权力。贵族、基督教领袖、被公爵解职的部长们、以及对政府有怨气的官员和商人们，终于等来了报复的机会。奥本海默被指控"背叛国家、冒犯君主、偷窃、受贿以及与基督徒妇女发生关系"，并被立即逮捕入狱。敌人们用恶毒的语言描述他的斑斑劣迹，传单撒向全国各地。群众涌上街头，高喊"处死犹太人苏斯"。

18世纪的欧洲国家已开始实行法治。统治者颁布的法律适用于所有人，甚至包括统治者本人。如果政府官员想要审判某人，他们必须提供此人的违法证据。公平地说，约瑟夫·奥本海默虽然作恶多端，但他并没有违背公爵颁布的法律法令。他没有偷窃或收受贿赂，只是收取了税款和罚款，其中一些是"合法地"中饱私囊。奥本海默没有侵犯王国的荣誉，更没有反抗国家，因为他只是一个外籍顾问而不是该国公民。与女基督徒有婚外情，这是他所犯的唯一罪行。但同样犯此罪的妇女们，并没有受到审判。

但是，对犹太人（特别是约瑟夫·奥本海默）的仇恨，使符腾堡贵族们失去了理智。弱势的临时统治者鲁道夫对审判奥本海默并无兴趣，但不得不屈从于贵族们的压力。他们指派的一名检察官以及所任命的数位法官中，大都与奥本海默有利益冲突。他们传唤了许多憎恨他的证人（包括一些犹太人）提供虚假证词。审判详细地审理了奥本海默与女基督徒的关系，贵族们还发表了肮脏的证词。

审判持续了一年，奥本海默被隔离在一个戒备森严的牢房里，备受狱卒们的殴打和折磨。这个曾经心高气傲、精力充沛、冷酷无情的人，现在变得虚弱无力、沉默寡言。他有时一连几天躺在地上，一动不动，不吃任何东西。

濒临死亡的约瑟夫·奥本海默回归了犹太教的戒律，以犹太人的方式祈祷，拒食犹太教禁止的任何食物。基督教牧师来到他的牢房并提出：如果奥本海默皈依基督教就可以赦免一切指控。这类交易在当年很常见，奥本海默相信牧师的承诺不假，但是他拒绝了，说："即使让我当国王，我也不会成为基督徒。皈依必须源自一个人的自由意愿。"

奥本海默回归对犹太教的忠诚，让犹太人刮目相看。他们为他的释放祈祷，并筹集资金贿赂官员以求赦免。奥本海默的一个非常富有的兄弟提出，愿把所有财产捐给符腾堡公国，以换取释放奥本海默，但是贵族们拒绝了。

在审判结束时，有一名法官提出，对约瑟夫·奥本海默的大部分指控并无实据，并提议没收他的财产并驱逐出境。但是，其他八名法官裁定奥本海默犯下了所有被指控的罪行，应当判死刑，而且要以可怕的方式处决，"以儆后人"。

1738 年 1 月 31 日，约瑟夫·奥本海默走上绞刑架，最后一次以犹太教的仪式祈祷，现场的一万多人为他的死欢呼。行刑者把他的尸体放进铁笼子里，让鸟儿分食之。德国的犹太人自发哀悼了好一阵子。

被憎恨的犹太人的象征

去世多年后，约瑟夫·奥本海默的故事仍然广为流传。关于他的传记、历史记载、文学小说和电影层出不穷，他成为被憎恨的犹太人的代表。

自从奥本海默死后，德国犹太人的处境经历了重大变化。

1871 年，德国统一，并成为一个现代意义上的国家。德国的犹太人成为与基督徒拥有平等权利的公民，他们可以离开隔都，在任何地方生活，从事任何职业，担任任何职位。德国成为一个经济繁荣的世界强国，那些受过良好教育、拥有杰出商业和管理经验的犹太人也跻身于德国经济的最高层。在欧洲，宗教也变得不那么重要了，许多犹太人和基督教徒不再虔诚信教。来自基督教和犹太家庭的年轻人们开始通婚，他们的生活方式变得相似，有些人甚至认为犹太人和非犹太人之间不再有明显区别。

但是，风平浪静的海面下暗流涌动。即使那些放弃犹太教信仰的人仍然被认为是"犹太人"，许多德国人对犹太人的仇恨仍在持续加剧，一些德国人嫉恨部分犹太人拥有的财富，另一些德国人认为犹太人非我族类。对犹太人的仇恨，源于他们独特的种族背景和文化传统，仇恨的模式也从宗教仇恨变成了种族仇恨。

1935 年，独裁者阿道夫·希特勒取消了所有给予犹太人的平等权利。希特勒及其支持者们，以一种特别恶毒的方式对待犹太人，他们被关进隔都和集中营，受尽奴役、饥饿、折磨乃至屠杀。首当其冲的是德国境内的犹太人，然后是在第二次世界大战中被纳粹德国征服的欧洲其他国家的犹太人。到 1945 年纳粹德国战败时，他们杀害了大约 600 万犹太人。

1940 年，纳粹推出了一部名为《犹太人苏斯》的电影宣传片，并组织了 2000 万德国人观看。影片的主角正是约瑟夫·奥本海默。在电影中，奥本海默控诉了卡尔公爵的罪行，把德国人的钱转移出去，掏空了公国，还强奸了那些美丽而健康的德国妇女，"用犹太精液玷污她们的血液。"这种扭曲事实的宣传，目的是煽动德国人对犹太人的仇恨，并为他们对犹太人所犯下的残暴罪行进行辩护。

约瑟夫·苏斯·奥本海默的故事，特别是他悲苦的结局，深刻地影响了后世的犹太商人。从 18 世纪中叶开始，犹太商人不再成为依附于某个统治者的"宫廷犹太人"，转而建立起面向市场和广泛客户的现代企业。从那时起，犹太企业家开始创立全球性的企业，包括一些现代世界最大的商业帝国。

梅耶・罗思柴尔德

Mayer Rothschild

6 /

梅耶·罗思柴尔德：
神秘首富家族的奠基者

　　全球首富是谁？比尔·盖茨，杰夫·贝索斯，还是马克·扎克伯格？他们拥有多少财富？查阅权威媒体的富豪榜单，我们不难找到答案。

　　但是，富豪榜上的只是显性富豪，就家族而言，毫无疑问，罗思柴尔德家族才是真正的世界首富。这是一个遍布世界多国的犹太大家族，在过去的200年间拥有庞大的投资银行体系和无数的企业和工厂。这一家族已经成为西方世界公认的财富象征。在西方国家，人们常常用"像罗思柴尔德一样富有"来描述一个富人，或者用"我买不起，我又不是罗思柴尔德"来形容非常昂贵的物品。

　　在所有犹太商人的成功故事中，罗思柴尔德家族的故事最为著名，也最为神秘。本章将为大家讲述家族奠基者梅耶·罗思柴尔德（Mayer Rothschild）的故事。

犹太隔都的艰难童年

1744 年，梅耶·罗思柴尔德出生于德国法兰克福的犹太社区。在当时的德国，犹太人被禁锢在专设的隔都。法兰克福市还有一道特殊"风景"线——城市入口处的一个巨幅漫画标牌，上半部分是"犹太母猪"的文字，下半部分是犹太人吮吸母猪的图画。基督徒明知，在犹太传统中，猪是"不洁"的代名词。

18 世纪初，梅耶的祖父卡尔曼·罗思柴尔德从他父亲那里继承了价值约 6000 古尔登[1] 的纺织品，经营丝绸、羊毛和雪纺等小生意，客户包括富裕的德国人和犹太邻居们。梅耶的父亲摩西·罗思柴尔德继承了卡尔曼的小店以及价值约 3500 古尔登的纺织品，还涉足外汇兑换。

在当时的法兰克福，一名底层工人的基本年薪约为 30 古尔登；一名高级法官的年薪约为 2000 古尔登；一座贵族别墅的售价约为 1 万古尔登。摩西家的生活在犹太人中很典型。他们与另一户家庭合住在一幢总面积为 78 平方米的四层楼里，每个楼层只有一个大约 3 米宽的房间。底层用作商店，厨房在二楼，三楼和四

1　当时法兰克福的货币被称为古尔登（Gulden）。

楼被两家各分一间用作卧室。

摩西和妻子舍恩切共生育了 8 个孩子,梅耶排行老四。由于营养不良、医疗服务不完善、污秽和过度拥挤,其中有 3 个孩子夭折了。

梅耶从小天资聪慧、学业出众。11 岁时,父亲把他送到菲尔特市的一所收费昂贵的学校。在梅耶离开半年后,法兰克福的隔都爆发了一场天花瘟疫,父母相继去世,少年梅耶从此开始自谋生路。

第一桶金来自古钱币

在亲戚们的安排下,梅耶到汉诺威的一家银行做学徒。银行老板沃尔夫·奥本海姆也是犹太人,曾是梅耶父亲的客户。虽然从事繁重的杂活且没有报酬,但他可以学习银行业务,还可以住在奥本海姆建在犹太社区外的豪宅里。他利用业余时间努力自学数学、德语阅读与写作等。

有一段时间,梅耶在银行的稀有古币部门工作。对古币的强烈兴趣驱使他开始深入地阅读和研究相关知识。在成为古币专家后,他开始为富有客户寻找和购买稀有古币。由于工作勤奋、业绩出色,梅耶被提拔为初级合伙人。对他来说,更大的收获在于结识了一群上流社会的客户,其中包括日后的恩人冯·伊斯托弗将军。梅耶以低价吸引新客户,然后再缓慢地逐步提价。

七年后,19 岁的梅耶已是一位高个子、厚嘴唇、笑容可掬、目光敏锐的银行经理。他回到法兰克福与兄弟姐妹团聚，将继承的几百古尔登全部投资到和两个兄弟摩西、卡尔曼的合伙生意中。兄弟三人一起从事二手商品交易和货币兑换，梅耶也没有放弃寻找和购买稀有古币的老本行。

年轻的威廉王子是法兰克福附近一个小公国的总督，他还是另一个小国的王储。此时的冯·伊斯托弗将军在威廉王子门下供职，在他的帮助下，古币收藏家威廉王子和古币专家梅耶一拍即合。

嗜财如命的威廉王子涉足许多行业，租借雇佣兵便是其中的一项重要业务。他将横征暴敛的所得用于购置雇佣兵和武器，再租给战争国家。当时，英国海外殖民地众多、用兵频繁，因此成为威廉王子的主要客户。而崇尚享乐主义的王子，需要一个勤奋、敬业又值得信赖的代理人。显然，对王子来说，梅耶是其"宫廷顾问"的最佳人选。

有了王子的支持，梅耶如虎添翼。他以"古钱币、奖章和饰品"专家自居，带着物品目录走遍整个德国，把古董卖给贵族们。在取得贵族们的信任后，梅耶成为他们生意上的代理人。这些贵族与威廉王子一样，拥有大量资产，从事买卖，但不愿处理商业谈判中琐碎的细节。他们更愿意让聪明、有丰富人脉关系和值得信赖的犹太人代劳。

梅耶的生意越做越大，成为家族企业的主要合伙人。30岁时，他的年收入已经达到3000古尔登。他兑换货币，做销售代理，发行贷款，在证券交易所进行交易；购置马车，开了一家运输和船运公司。虽然作为犹太人，他不能为自己买卖房屋或土地，但是这并不影响他为富有的德国贵族做房地产经纪人。

梅耶在 26 岁时与 17 岁的犹太女孩古特尔结婚。古特尔同样来自法兰克福的犹太社区，父亲是一位富有的货币兑换商。古特尔的父亲相信这位年轻人前途无量，给了女儿 2400 古尔登的可观嫁妆。夫妻俩买下了合住家庭名下的房产，从此，罗思柴尔德家族开始独享这所房子。

梅耶共有 15 个孩子，其中 5 个夭折了。1784 年，当富有的梅耶夫妇有了第 6 个孩子后，他们离开了故居，带着孩子们搬进购买的新居。这所位于犹太社区的大房子，有 6 个房间和两个大地下室。孩子们长大并变得富有后一个个离开法兰克福，迁居豪华庄园。

大发"革命财"

18 世纪后半叶，一些重大的历史事件改变了世界，也为梅耶带来了滚滚财源。1774 年，正值梅耶 30 岁，梅耶代表威廉王子为英国政府招募了大量的德国雇佣兵，华盛顿将军要对付的德国雇佣兵数量甚至超过了英国兵。威廉王子从中获利数百万古尔登，跻身欧洲顶级富豪之列，梅耶也分得了数万古尔登的佣金。

1789 年，法国大革命爆发，波旁王朝统治被推翻。为了防止革命波及自身，包括英国在内的许多欧洲王国迅速向法国新政权宣战。威廉王子和梅耶再次抓住机会，为与法国作战的各国政府提供马车、马匹、制服和食物，获利颇丰。

从 40 岁时的 15 万古尔登到 45 岁时的 50 万古尔登，梅耶的身家迅速攀升。他雇用了一名会计，让妻子来负责处理文件，后来女儿肖莎娜也加入进来。他自己则带着三个较大的儿子（阿姆斯洛、所罗门和内森），周游各地、寻找商机。

拿破仑·波拿巴在法国掌权后，不断向周边国家开疆辟土。他曾试图招抚威廉王子，但最终被王子犹疑不决的态度激怒。在领地被拿破仑占领之前，威廉王子落荒而逃，临走时将一笔巨款交给梅耶保存。

梅耶善于将任何危机转化为机遇。在这段困难时期，他获得了全权代理威廉王子生意的机会，虽然这么做对他来说轻而易举，可梅耶没有私吞王子的巨款，只是从而从王子那里获得了大笔佣金。

在法国占领法兰克福期间，当地居民被禁止与英国进行贸易往来，但私底下，德国人继续与英国人交易。梅耶和儿子内森进行了大规模的走私活动。梅耶同时做两本账，一本是向法国税务当局出示的合法交易，另一本是他与威廉王子和英国人的秘密交易。

法国人开始怀疑梅耶，法兰克福的法国州长派人闯入他家搜查证据，将他的家人囚禁了一个星期。但是，梅耶贿赂了调查人员和州长，他们宣布："我们什么也没找到。"

虎父无犬子

将儿子们派往各国独当一面，这就是罗思柴尔德家族企业发展成跨国财团的途径。

在梅耶的五个儿子中，三儿子内森的才华和胆识最为出众。内森最初在法兰克福负责与英国政府的商务，1798年，他被父亲派到伦敦开拓家族的英国业务。当时，工业革命正在席卷英国，机器逐步替代手工生产，英国政府从本土工厂采购相对廉价的军服。内森预感到，其他的欧洲军队也会发现从英国采购军服是更划算。于是，他抢先从一家位于曼彻斯特的工厂采购军服，运到欧洲大陆销售，获利颇丰。

1815年6月在比利时爆发的滑铁卢战役，不仅仅是拿破仑和惠灵顿之间的决战，也是伦敦证券交易所历史上空前的一次豪赌。凭借家族高效的情报网络，内森先于官方获得战役结果，利用一天的时间差在英国公债上狂赚20倍，一举奠定了他在英国金融界的地位。

长子阿姆斯洛，留守在法兰克福家族银行的大本营。拿破仑从德国撤军后，德国的小公国合并成30多个较大的公国，并在此基础上成立了德意志邦联，阿姆斯洛被任命为首届财政大臣。由于阿姆斯洛膝下无子，他与青年才俊奥托·冯·俾斯麦情同父子。

俾斯麦日后以"铁血宰相"留名史册,他对罗思柴尔德家族颇有照顾。

在五个儿子中,次子所罗门情商最高,擅长外交,常年负责家族在各地分行的协调工作。后来,他被派往欧洲的政治中心维也纳,成功地与王室建立联系,逐步成为奥地利金融界的主宰者。

四子卡尔相对平庸,主要负责往来欧洲各地为兄弟们传递信息,间或辅助某个兄弟。在被三哥内森派往意大利的那不勒斯后,他逐步展示才华,成为意大利王室的财政支柱,并与梵蒂冈教廷私交甚笃。

作为商人,梅耶对政治不甚介意。在法国占领法兰克福期间,他照样与法国政府做生意。1811年,他将最小的儿子雅各布(詹姆斯)派到巴黎开了一家银行,向法国政府提供贷款。1815年法国战败后,拿破仑被推翻,几年后法国恢复君主政体。数以百万计的士兵本是农民,在被征兵时卖掉了农场。如今,他们被军队遣散后处于无业状态。工业革命在法国生根发芽,新建的工厂开始雇用退伍军人。为了购买机器设备,这些工厂急需信贷。詹姆斯自然而然成为蓬勃发展的法国工业的主要信贷供应商。

在商业实践中,梅耶和他的儿子们创造了一种新的银行模式:投资银行。投资银行的客户不是个人,而是企业和政府,通过提供信贷,以利息或者利润提成的方式获得回报。

1858年,罗思柴尔德家族为历史上最大的基础设施项目——在埃及开凿苏伊士运河,连接地中海和红海提供了约400万英镑。

他们在世界各地投资铁路建设，并投资了处于萌芽期的电影产业。

梅耶的布局，在其身后显示出战略意义。据估计，到 19 世纪中叶，罗思柴尔德家族已经积累了约 60 亿美元的财富，成为当之无愧的全球最大商业集团，对英国、法国、德国、奥地利以及意大利等欧洲主要工业国的金融业有着举足轻重的影响力。20世纪初，家族控制的财富达到全球总财富的一半。

一生简朴，致力于为犹太人谋福祉

梅耶和古特尔终身住在犹太社区，生活简朴，古特尔每天操持家务。在被父亲派往英国后，脱离父母的内森开始追求物质享受。当时，英格兰的犹太人没有被禁锢在犹太隔都里，内森得以在伦敦租了一处大庄园，雇了仆人和一辆豪华马车，周旋于上流社会。梅耶得知后，在信中指责儿子挥霍无度，而古特尔继续给儿子寄去她在法兰克福市场淘来的廉价衣服和床单。

梅耶一直是非常活跃的犹太社区领袖，家中常常聚集着一群犹太学者。梅耶热衷于帮助社区。在所到之处他都对当地的穷人和慈善募集者慷慨解囊。他在法兰克福购置了一所房子，聘请老师，为犹太儿童开办了一所新的现代化学校。

在法国大革命期间，法国的犹太人从隔都中解放出来，成为法国享有平等权利的完全公民。梅耶对控制法兰克福的贵族院软硬兼施，要求他们"把犹太人当作人对待"。但是，即使当法国人征服法兰克福后，贵族院仍然顽固地保留着针对犹太人的歧视性法律。他们辩称，一旦获得行动自由，犹太人就会污染城市，与女基督徒发生不正当关系；停止收缴犹太人特殊税，将会掏空城市的金库。

法兰克福的法国军人总督提出了一个折中方案：犹太人可以成为拥有平等权利的公民，但必须缴纳100万古尔登"补偿"城市财政。经过谈判，梅耶将"补偿金"降低到44万古尔登，并自愿支付其中的1/4。1811年，法兰克福的犹太人终于获得了平等权利。一年后，梅耶被任命为市议会的第一位犹太人议员，但此时他已经濒临生命的终点。

梅耶的乐善好施也影响了他的后代们。迄今为止，罗思柴尔德家族已经为世界各地的慈善、福利和教育项目捐赠了至少数十亿美元。

遗嘱影响深远

1812年9月17日，梅耶在犹太巷子行走时突发胃溃疡。在被紧急送回家后，他请来律师，躺在床上草拟遗嘱。9月18日，他签署了遗嘱。次日，他将孩子们叫到病床前，留下他在世间的最后一句话："我的孩子们，你们要保证永远在一起。"

在遗嘱中，罗思柴尔德强调家族内部通婚，以避免财富的流失。詹姆斯·罗思柴尔德与堂妹（梅耶兄弟所罗门的女儿）贝蒂结婚，此后的一个多世纪，前后有近 20 次家族内部通婚。但是，从趋势上看，家族内部通婚越来越少。

罗思柴尔德家族成员之间依然保持着强大的凝聚力，从未发生严重的继承斗争。这得益于梅耶对于家族观念的极端重视，以及他"原则上每家以长子为家长"的遗训。

目前，罗思柴尔德家族的财富规模达到了约 10 万亿美元。鉴于梅耶"绝对不对外公布财产"的遗训，以及家族中的许多企业未上市，上述数据只是估计而已。但毫无疑问，他们依然是世界第一富豪家族。

当年，女儿们不能继承财产或生意，但是梅耶·罗思柴尔德将家族企业传给了 5 个儿子，也给女儿们留了大量现金。家族成员之间依然保持广泛的商业合作。直到今天，梅耶的孩子们开设的每一家分支机构，都是作为一个独立的公司群管理。他们的后辈们，迄今仍管理着这些公司。

卡尔曼 · 威斯索茨基

Kalman Wissotzky

7 /

卡尔曼·威斯索茨基：
茶叶大亨的浮沉

1824 年，卡尔曼·威斯索茨基（Kalman Wissotzky）出生于立陶宛的一个犹太小村庄。父亲扬克尔·威斯索茨基是一个小贩，艰难地维持家庭生计。像大多数犹太小孩一样，卡尔曼在一所犹太经学院学习。由于学业出众，18 岁时，他被送到位于维兹尼茨小镇的一所精英宗教学校深造。父母为他在当地找了一位新娘，婚后他与妻子住在岳父母家。四年学业期满后，卡尔曼离开了这个小镇，开始独立谋生。

此前，俄罗斯帝国的犹太人不得拥有土地或从事农业工作。俄国沙皇亚历山大颁布了一项命令，首次允许犹太人购买农地、从事农业生产。卡尔曼和一些朋友购买土地，成立了一个小农庄。但是由于缺乏务农经验，加上他们购买的土地很贫瘠，农庄在几年后就散伙了。

意识到务农难以谋生后，年轻的卡尔曼转向了食品贸易。当时的工厂和面包店普遍缺乏营销意识和途径，产品主要卖给附近的居民，少量余货经由来自城市的小贩卖到其他地方。作为小贩的卡尔曼相当成功，1849 年，25 岁的他完成了原始积累，为后来的生意打下了基础。

不久，沙皇开始推行另一项惠及犹太人的改革措施。此前，犹太人不得居住在俄罗斯的大城市里。沙皇开始招商引资，鼓励有经济实力、有创业头脑的犹太人到大城市经商。卡尔曼敏感地意识到：更大的机会来了！

工业化超越了骆驼商队

16 世纪红茶开始传入欧洲并很快成为畅销饮料。当时，茶叶有两条运输途径：从印度海运到西欧，或由骆驼商队从中国穿过中亚沙漠运到俄罗斯。

根据当时的说法，俄罗斯的茶叶有骆驼汗的余味。茶叶进口商垄断经营，并收取高价。大批量未经包装的茶叶被装在麻袋里，有些散落在途中。尽管如此，茶在俄罗斯还是很受欢迎的饮料，销量巨大。

有着丰富食品运输经验的卡尔曼意识到，如果能够改变包装和运输方式，茶叶生意将大有可为。卡尔曼的计划得到了政府的批准。他举家搬到俄罗斯最大的城市莫斯科（当时并非俄罗斯首都），成立了一家名为"威斯索茨基茶"的小工厂。

当时正值工业革命的开端，卡尔曼敏感意识到技术的力量。工厂采用最先进的技术加工茶叶，用设计精美的小金属罐和小袋包装茶叶。"威斯索茨基茶"很快受到俄罗斯帝国上流社会的追捧，甚至被沙皇家族指定为皇家特供品，卡尔曼也从中获得了金钱、声望和特权。

19 世纪 60 年代，沙皇决定向外国商品开放俄罗斯市场。卡尔曼获得了政府的特许，开始通过海运进口茶叶。他从印度、斯里兰卡和印度尼西亚进口茶叶，经由红海、地中海和黑海，运到俄罗斯。茶叶到达俄罗斯后，再装上火车继续陆运到目的地。

身为犹太人的卡尔曼，相比俄罗斯进口商有着明显优势。当时的印度和斯里兰卡属于大英帝国，由于会说英语的俄罗斯人和会说俄语的英国人都不多，俄罗斯人很难与英国人进行直接的交流和贸易。卡尔曼派遣犹太裔下属与当地的犹太茶商交朋友，从而建立起了一个巨大的茶叶供应商网络。

海运虽然麻烦且运费也不低，但是打破了骆驼商队的垄断，从而降低了茶叶的售价，就连农民也开始购买"威斯索茨基茶"。有趣的是，由于茶叶没有了骆驼汗的余味，有些顾客一时竟不习惯茶叶口感的变化。

借助在俄罗斯帝国犹太社区的丰富人脉，卡尔曼建立了遍布帝国的销售网络，销售额开始腾飞，"威斯索茨基茶"占据了俄罗斯 1/3 的茶叶市场份额。19 世纪 80 年代，他又建立了四家工厂，"威斯索茨基茶"成功登陆股票市场。

19 世纪末期，横贯西伯利亚的铁路建成了。除了海运，卡尔曼又开始通过铁路直接进口精选的中国茶叶。除了红茶，他还进口当时不太为俄罗斯人所知的绿茶。"威斯索茨基茶"成为俄罗斯帝国最大的茶叶公司，雇用了 22000 多名员工。卡尔曼 70 多岁时，财富接近 300 万卢布，约合今天的 30 亿美元。

刻意低调，依然麻烦不断

30 岁出头的卡尔曼，俨然身家不菲。他和妻子、一子（大卫）三女（迦纳、米利暗和瑞秋）一直住在莫斯科，直到他离世。他们住在一幢宽敞、漂亮的豪华房子里，与贵族和富商为邻。

卡尔曼一直交往犹太朋友，没有涉足俄罗斯贵族圈。尽管穿着比普通犹太人更时髦，坐着一辆大马车，但是他终身遵守犹太律法，穿犹太服装。

在那个年代，卡尔曼的工人们得到了相当好的待遇，公司免费提供住房、医疗、孩子们的日托和学校教育。这样的福利安排是超前的，在共产主义革命之前，俄罗斯帝国没有政府提供的教育或医疗福利。卡尔曼捐赠了近 100 万卢布为犹太儿童建立学校，为犹太穷人提供食物，并帮助犹太人返回到他们的古老家园。

但是，卡尔曼的成功激起了反犹主义者的仇恨。报纸上刊登了关于"毒害每一个俄罗斯人的犹太茶商"的漫画；街头示威者呼吁关闭威斯索茨基茶公司，并威胁杀死他。

狡诈的俄罗斯政府，一方面激起民众对卡尔曼的仇恨，利用反犹太主义来转嫁自身麻烦；另一方面，保护卡尔曼和他的企业，以便继续从他那里买茶。

家庭离散，企业分崩离析

1904年，卡尔曼·威斯索茨基去世，享年80岁。他把威斯索茨基茶公司的所有权分给了4个孩子，将管理权交给了儿子大卫·威斯索茨基。

在卡尔曼死后，公司继续发展。大卫借助自己在西方犹太人社区的人脉，在伦敦和纽约开设了销售中心，让威斯索茨基茶公司成为世界上最早的跨国公司之一。在流行喝茶、讲求饮茶仪式感的英国，威斯索茨基茶大受欢迎。美国的广大市场需求，使威斯索茨基茶成为世界上最大的茶叶供销公司，同时它也是俄罗斯帝国最大的茶叶加工公司。

1917年共产主义革命之后，俄罗斯的威斯索茨基茶工厂被国有化，成了苏联政府茶叶管理局的"中央茶"。但是，在苏联之外，威斯索茨基茶继续作为一个私人家族企业运作。在接下来的一百年里，随着革命运动和战争，威斯索茨基茶被迫走上了跨国迁徙之路。

俄罗斯的共产主义革命分裂了威斯索茨基家族，拆散了兄弟姐妹。卡尔曼的一些子女、孙辈和曾孙辈支持革命，并留在了俄罗斯。他的两个孙辈（大卫的儿子亚历山大和迦纳的儿子阿夫拉罕·古兹），甚至参与并领导了革命。另一部分家庭成员则逃离了俄罗斯，包括大卫。大卫时任威斯索茨基茶叶公司的董事长，他带着巨额财富搬到了英国。

大卫的儿子（卡尔曼的孙子）费奥多·威斯索茨基，将家族五家茶叶工厂中的一家搬到了波兰。第二次世界大战爆发后，德国占领了波兰。纳粹政权杀害了所有生活在波兰的300多万犹太人，其中包括卡尔曼的一些孙辈和曾孙辈，以及威斯索茨基茶厂的数千名犹太员工。该工厂在战争期间继续运营，为德国军队提供由波兰劳工包装的茶叶，后在苏联空军的轰炸中被毁，此后再未重建。

然而，威斯索茨基茶公司及其品牌并没有消失。纳粹政权上台后，许多德国犹太人回到了犹太人的古老家园以色列。在巴勒斯坦，犹太人建造了现代化的城市、新的城镇和工厂。希蒙·塞德勒（卡尔曼孙媳的侄子）就是这群犹太人中的一员。1935年，他回到巴勒斯坦，建了一个小茶厂，为当地居民和英国政府官员提供威斯索茨基茶。

威斯索茨基茶叶厂至今仍在以色列运作，继续从亚洲进口茶叶，并在美国、欧洲和以色列生产并销售茶叶。当然，公司规模已今非昔比，雇员只有区区数百人。

近年来，公司再次发展壮大，正试图恢复其全球茶叶巨头的地位。公司目前进口和包装约 200 种茶叶，并生产咖啡，年销售额约为 1 亿美元。

最近，威斯索茨基茶绕了一个圈，但在以色列的工厂里完成包装，回到了俄罗斯市场销售茶叶。

俄罗斯茶叶管理局的"中央茶"，在 21 世纪初被私有化，保持着"中央茶"的名号。以色列威斯索茨基茶公司试图投标收购，但未能如愿。以色列威斯索茨基茶公司想把威斯索茨基茶品牌归还给这家俄罗斯公司，但被俄罗斯政府拒绝，因为俄罗斯公众已经习惯于"中央茶"品牌。

目前，威斯索茨基茶与"中央茶"在西方国家的茶叶市场相互竞争。追根溯源，这两家公司的前身都是卡尔曼·威斯索茨基在 170 年前成立的公司。

李维·斯特劳斯

Levi Strauss

8 /

李维·斯特劳斯：
让牛仔裤风靡世界

在全球数十亿人中，大多数人家中的衣橱里至少有一条牛仔裤。对于他们来说，牛仔裤不仅仅是一件衣服，也是一种生活方式甚至个性的象征。每年，大约有 12 亿条牛仔裤在世界各地销售，仅在中国就可以售出 4 亿条牛仔裤。全球牛仔裤行业的年营业额约为 600 多亿美元。

中国是全球最大的牛仔裤生产国，年出口约 6 亿条。在"牛仔裤之都"广州，增城区新塘镇 20 多万名工人每天可加工生产 250 万件牛仔服。但是中国和牛仔裤之间的渊源并不太深，1990 年以前，新塘还是个小镇，当时全球大部分牛仔裤在美国生产。

牛仔裤大约 150 年前首次出现在美国，这要归功于犹太穷裁缝雅各布·戴维斯（Jacob Davis）的即兴发明以及犹太企业家李维·斯特劳斯（Levi Strauss）的商业运作。接下来就一起来听听牛仔裤大王李维·斯特劳斯的创业故事。

蛮荒西部的小店主

1829 年，李维·斯特劳斯出生在德国波顿海姆镇的一个富商家庭。父亲赫希·斯特劳斯和母亲里夫卡在当地开了一间商店，销售衣服、箱包和家居品。

在 19 世纪和 20 世纪初，数以百万计的犹太人从欧洲移民美国。他们试图在不断发展的美国经济中寻找好的机会，以改变现状。欧洲犹太人迁移美国还有一个原因，欧洲的基督徒虐待甚至屠杀犹太人，犹太人在美则享有公民待遇。当时，美国黑人依然是奴隶，原住民的孩子像动物一样被猎杀，犹太裔美国人并未受到歧视和压迫。当然，也有一些人讨厌犹太人，但大多数美国人对犹太人相当宽容和尊重。犹太人虽然在移民后的头几年里生活窘迫，但他们逐渐融入了美国的商业世界，其中一些人还取得了巨大的成功。

李维有七个兄弟姐妹。父亲赫希结过两次婚，第一任妻子在生下第六个孩子时死于难产。赫希的第二任妻子里夫卡育有两个孩子，李维是其一。当李维还年幼时，他的两个哥哥乔纳斯和路易斯就已移民美国，将父亲的生意拓展到了纽约。

1845 年，父亲赫希死于肺结核，此时李维只有 16 岁。三年后，无助的母亲里夫卡决定带上李维和他的两个姐妹（米拉和范妮）移居美国。经过两周的航行，他们到达纽约。李维在两个哥哥的店里工作，很快展露出推销天分。

李维·斯特劳斯来到位于美国东部的纽约，这时美国西部的河床上发现了黄金，淘金热开始了，数百万掘金者涌向西部，其中包括第一批来自中国的劳工。武装牛仔策马在平原上和山谷中寻找黄金，与原住民争斗，在酒吧决斗，这些都是大家熟知的美国西部片场景。

斯特劳斯家族决定派一名兄弟去西部，目标不是寻找黄金，而是利用西部大开发的机会拓展家族生意。擅长营销的李维自然是最佳人选。1853 年，24 岁的李维告别了母亲和兄弟姐妹，开始乘船向西航行。他到达了太平洋沿岸的旧金山，与在旅途中结识的两个伙伴一起开了一家"李维斯公司"，昵称"Levi's"。

当时，蛮荒的西部还没有工厂和火车，商店仍依赖于美国东部的工厂提供货源，并通过马车向西运送。但这样的物流成本很高。李维从他的兄弟那里采购低价的存货。此后的 20 年里，李维从一名商店小店主成为富商，这要得益于一位贫穷的犹太裁缝。

"我丈夫的裤子又破了，请帮我补补"

1867 年，犹太裁缝雅各布·戴维斯来到了旧金山。雅各布早年从俄罗斯帝国移民到美国，带着妻子和年幼的孩子在美国各地游荡，寻找发财机会。他掘过金，没有成功；他开过雪茄店和酒吧，也由于缺乏商业头脑而失败。

失意的雅各布在一个沙漠小镇安顿下来，那里的工人正在修建铁路。他在家里开了一家小裁缝店，从李维斯公司购买布料，为工人缝制马套、帐篷和裤子。

一天，一位铁路工人的妻子找到雅各布，请他帮忙缝补丈夫的裤子。由于当时的铁路工人常常把工具放在裤兜里，而这些棉布缝制的裤兜是用普通的线缝制在裤子上的，口袋很容易磨损或撕裂。雅各布并未修补这条破裤子，而是用缝制船帆的一种较厚重的专用蓝色"鸭棉"布重做了一条裤子，并用小圆铜铆钉加固新裤子的缝线。这位妻子对新裤子相当满意，以每条60美分（约合今20美元）的高价一下子买了5条。无意间，她成为未来时尚裤子的第一位拥有者。结实、新潮的裤子，在铁路工人中传开，工友们纷至沓来。很快，雅各布的产量已经赶不上订单的速度了。

李维发现雅各布大量采购蓝色鸭棉布，便问他："你难道是在沙漠里造船？"获知新裤子的来龙去脉后，李维对这位裁缝赞叹不已。此时，一些工人家属开始仿效雅各布缝制裤子，裁缝同行也跃跃欲试。雅各布担心，他再次失去致富的机会。他决定为这条新裤子申请专利，但是付不起专利注册费。此时，他想到了富有的供应商李维·斯特劳斯。他给李维写了一封信，建议对方承担专利注册费，然后两人共同推广他的这项发明。

作为商人的李维，显然谈判技巧更高超。他以高薪高职聘请雅各布加入李维斯公司为代价，获得了这款新裤子的营销权。1873 年，李维·斯特劳斯和雅各布·戴维斯在美国专利局成功注册了一项联合专利，该专利是"关于加固口袋开口的改进"。

雅各布全家迁往旧金山，把织布机放在李维斯公司，开始带领一组裁缝生产新工作裤。随着新裤子的销量上升，李维购买了越来越多的厚布原材料。1875 年，他买下了一个仓库，在那里开设了一个小型缝纫车间。几年后，车间升级为美国西部的第一批工厂，工人达到了 450 人。早期的产品，都被印上了"501 牛仔裤"的品牌标志。

雅各布担任了工厂的生产经理，虽然没能致富，但总算摆脱贫困，过上了衣食无忧的生活。他去世后，儿子接替了他的职位。

李维则成为百万富翁，他拥有了一家银行、一家保险公司、一家铁路公司和一家电网安装公司。到 19 世纪末，他的财富累计达到 600 万美元（约合今 1.6 亿美元）。

李维在慈善方面出手阔绰，他为贫困家庭建造房屋，捐助加州大学伯克利分校，修建了旧金山的第一间犹太教堂、第一座犹太墓地和两家孤儿院（一家犹太孤儿院和一家天主教孤儿院）。

李维·斯特劳斯终身未婚，没有后代。他的妹妹范妮年轻时丧夫，带着四个孩子搬到了旧金山投靠哥哥。李维对范妮的孩子视如己出，四个孩子成年后都加入了李维斯公司。

1902 年，李维·斯特劳斯去世，享年 73 岁。他把个人财产和李维斯公司都遗赠给了范妮的四个孩子。迄今为止，范妮的后代一直掌管着公司。

牛仔裤成为文化的象征

20 世纪中叶之前，牛仔裤仅仅被视作美国工人的工作服。然而到了 20 世纪五六十年代，牛仔裤逐渐成为电影明星、摇滚歌手、背包客以及渴望摆脱父母以及保守生活方式的青少年的时尚标志。因为显得更加狂野、不拘一格或"酷"，牛仔裤成为欧美年轻人的象征，并逐步向全球扩展。20 世纪六七十年代的西方世界年轻人，被称为"牛仔裤一代"。

今天的牛仔裤，与雅各布在 1870 年发明的牛仔裤有些不同。早期牛仔裤的大腿、臀部和腹股沟部位都有铆钉，但现在的牛仔裤已经没有了。"二战"期间，由于美国金属短缺，李维斯公司开始减用甚至停用铆钉。后来，设计师们发现，不带铆钉的牛仔裤穿起来更舒服，也就不再使用了。

到了 20 世纪末，许多不同款式的时尚牛仔裤不断涌现，每一种都代表着不同的亚文化。年轻人穿着破洞的牛仔裤，因为看起来"另类""酷"。高科技公司雇员和商务人士喜欢昂贵、优雅的牛仔裤，以符合他们"雅皮士"的身份；在夏天，牛仔短裤、超短性感的牛仔裤更受年轻女性的青睐；牛仔裤不仅限于传统的蓝色，也有红色、白色等；除了做衣裤，牛仔布也被广泛应用于夹克、包、帽子、大手帕、皮带和鞋子的制作上。

李维斯品牌，将牛仔裤的设计和制造发展成一个庞大的产业。公司目前雇用了大约 1.6 万名员工，年销售额约 45 亿美元。这些年来，牛仔裤行业也出现了许多竞品，例如：迪赛（Diesel）、牧马人（Wrangler）、立酷派（LeeCooper）、贝纳通（Benneton）、威鹏、旗牌王（Kipone）等等。20 世纪 90 年代，大多数美国制造商将工厂迁至亚洲和拉丁美洲，这一举动遭到了美国国内的严厉批评，因为这为其他国家提供了就业机会。不过，用于生产牛仔裤大部分布料的棉花，仍在美国种植。

长期以来，雅各布·戴维斯已经被人淡忘，而李维·斯特劳斯则被误认为是牛仔裤的发明者，关于李维从穷裁缝到富商的"神话"传播甚广。李维斯公司的公关部门，似乎也有意推波助澜。后来，一位美国国家档案馆的管理员发现并披露了真相，目前大多数相关网站和书籍还原了真相。

雅各布·戴维斯的后人们，则成功创立了一家时尚服装设计公司。在美国的雷诺市——雅各布发明牛仔裤的地方，建有一座关于牛仔裤历史的博物馆。

在李维·斯特劳斯的故乡——德国波顿海姆镇，也有一家牛仔裤博物馆。而这里却是一个悲伤之地，李维的两个兄弟和其他亲人留在了德国，"二战"期间，在波顿海姆约有 200 名犹太人惨遭杀害，李维家族的一些后代也未能幸免。

塞缪尔·波利亚科夫

Samuel Poliakov

9/

塞缪尔·波利亚科夫：
为俄罗斯铺设通往未来之路

1837 年，塞缪尔·波利亚科夫（Samuel Poliakov）出生于白俄罗斯的多布罗夫诺小村庄。他家经营着一个酿制伏特加的小作坊，当时的酿酒业在村里很受欢迎。相比大多数村民，他家的经济条件稍好。没人能想到，这个脏乱拥挤的穷村庄，能走出一位给俄罗斯带来深远影响的大人物。

19 世纪时，大多数犹太人生活在波兰、乌克兰和白俄罗斯等东欧国家，这些国家都在俄罗斯帝国的统治之下。当时的俄罗斯帝国贫弱腐败，大多数国民都是不识字的农民。当时正在席卷欧洲的工业革命，对俄罗斯影响甚微。

和波利亚科夫家一样，俄罗斯帝国的犹人人大多聚居在小村庄，讲着特有的意第绪语，并自行处理他们自己内部的事。他们的衣着、饮食、风俗和生活方式与周围的人明显不同。通常，只在工作和生计场合，他们才偶尔和外人打交道。俄罗斯政府发起了一场反对犹太人的运动，并将俄罗斯的所有问题归咎于他们。政府虽没有将他们禁锢在村里，但对他们的居住地和可以参与的商业领域施加了诸多限制，并对他们征收特殊税，竭力使他们贫苦。犹太青年被强征入伍，受到严重虐待，大多数人死于饥饿或疾病。邻近村庄的贫苦农民有时会入侵犹太人村庄，掠夺、殴打居民，并强奸犹太妇女。

攀附权贵

塞缪尔是家中长子，也是最勤奋、处事最干练的儿子。从小在父亲的小作坊帮工时所积累的技术和管理经验，成为他日后转运的敲门砖。

伊万·马维耶维奇·托尔斯泰伯爵是俄罗斯帝国的邮政和电报大臣，正在物色人员管理他的私人酿酒厂。托尔斯泰伯爵的一个熟人偶然认识了塞缪尔，很欣赏这位"精通酒精和葡萄酒行业"的年轻人。塞缪尔抓住这个机会，前往俄罗斯当时的首都圣彼得堡投奔伯爵。

托尔斯泰很快就对这个年轻人刮目相看。塞缪尔改进了托尔斯泰家酿酒厂的管理，从一开始就展示出热情、干练、谦逊和自信以及商业天分。数年后，伯爵提拔了年轻的塞缪尔，任命他为帝国某个地区的邮政服务经理。塞缪尔在这个位置上同样表现出色，给伯爵留下了深刻印象。

在商务旅行中，赛缪尔常常乘坐火车，他对这种令人生畏的新交通方式感到新奇。19 世纪 50 年代，火车已经发明了 30 年，欧洲已经铺设了纵横交错超过 10 万公里的铁轨。俄罗斯帝国国土辽阔，比整个欧洲其他国家的国土总和还要大很多，但铁路发展总以蜗牛般的速度前进，截至 1855 年，俄罗斯只铺设了 988 公里的轨道。赛缪尔敏感地意识到，一个庞大而高效的铁路网络将是俄罗斯经济增长的必要条件，他渴望参与铁路建设。他向托尔斯泰报告了这些想法，后者决定帮助他，安排他担任铁路开发商卡尔·费奥多罗夫·冯·麦克的分包商。冯·麦克是铁路工程师出身，逐步成为一名成功的独立轨道承包商。俄罗斯政府为私人承担铁轨铺设项目提供政策优惠，冯·麦克男爵赢得了许多项目，发了大财。在一个较大的项目中，他任命塞缪尔负责供应建筑材料，招聘并管理工人。就像经营伏特加酿酒厂和邮政部门时一样，塞缪尔工作出色，给所有同事留下了深刻印象。

塞缪尔没有学过工程学，但他从冯·麦克和其他工程师同事那里学会了规划轨道、解决技术问题。在冯·麦克的推荐下，他认识了帝国交通大臣帕维尔·彼得罗夫·梅尔尼科夫。由此，塞缪尔成为独立承包商之路被开启了。

1865 年，28 岁的塞缪尔作为一名独立的承包商，竞标乌克兰哈尔科夫附近一段 70 公里的轨道铺设项目。在托尔斯泰和交通部长梅尔尼科夫的支持下，塞缪尔赢得了投标。工程完成后，他又赢得了一场更大的投标，铺设了一条 181 公里的轨道，政府对其工程的速度和质量都相当满意。

财富快车道

塞缪尔是个天才管理者。所有见过他的人，包括朋友和对手，都称他为他们所见过的最好的经理。塞缪尔总能为每个职位找到最合适的专业人员，并能有效地增强下属的凝聚力；比同行提供更高的工资，接送工人到工作地点，并关注他们的需求；为优秀工人提供晋升通道，即使没有学习工程学的工人也可以凭借才能和业绩成为工程师或管理者。他还身体力行，参与具体工作，并善于授权，既让工程技术人员承担责任，又给予其充分的自由度。最重要的是，塞缪尔的成功源于他对工作的热爱，他比其他任何人都热爱火车、热爱工作。

塞缪尔与政府保持友好合作的关系，工程项目的规模从几十万卢布提高到几百万卢布，给他带来了丰厚的利润。

成功开发两个项目后，塞戮尔迎来了第三个项目：在俄罗斯的沃罗内什与罗斯托夫之间铺设一条 550 公里的轨道。他对赢得这次投标信心满满，甚至在投标完成之前就投入了资金。这位年仅三十岁的犹太开发商的自负激怒了政府招标委员会的成员，投标结果在两年半后才公布，中标的是另一群出价比塞缪尔低 300

万卢布的投资者。

志在必得的塞缪尔早已动手，几乎已经完成了这条轨道的铺设。他利用在政府中的关系拜见沙皇，沙皇最终改变了招标委员会的决定，塞缪尔最终得到了这个项目。

1868 年，从库尔斯克到阿兹洛夫的 813 公里铺轨项目开始启动。在当时，这是俄罗斯最长的轨道，也是世界上最长的轨道之一。技术上的挑战让其他开发商都望而生畏，所以塞缪尔没有经过投标就轻而易举地赢得了项目。开工之前，他精心策划：召集所知道的所有供应商，招募所能找到的最好工程师，建造了一个巨大的建筑材料仓库，并铺设了用于运送物资的铁轨……两年内，他就完成了这项工程。

在当时节奏缓慢的俄罗斯帝国，塞缪尔的建设速度可谓奇迹。1877 年，俄罗斯和土耳其爆发了战争。塞缪尔用 50 个工作日完成了从俄罗斯到罗马尼亚的铁路铺轨，创造了俄罗斯铺轨速度的纪录。这条铁路被用来运送物资和疏散伤员，并在这场战争中起到了重要作用。

此后的 20 年间，他在俄罗斯和乌克兰的广袤土地上铺设了几十条铁路。他以一己之力，在 19 世纪铺设了 18% 的俄国铁路。

从工程项目致富后，塞缪尔开始涉足其他行业。32 岁时，他创立了自己的银行，邀请弟弟拉泽担任总经理，后来拉泽也因此致富。他还投资了 20 家金融机构，购买了矿山。50 岁时，塞缪尔的财富达到了大约 3000 万卢布，成为俄罗斯帝国最富有的人之一。

塞缪尔结婚很晚，只有一个女儿。

对于犹太身份的纠结

塞缪尔的职业生涯总是伴随着流言蜚语，报纸上常常披露他的腐败丑闻。在他的反对者阵营中，有些人确实怀疑他利用政府关系获取不应有的好处，有些人嫉妒他的巨大成功，还有些人只是出于反犹主义思想。

俄罗斯交通部的一名经理举报，塞缪尔向托尔斯泰伯爵行贿，"感谢帮助他赢得投标"。警方对此展开了调查，但没有发现行贿的证据，相反，还发现他做生意很规矩。

塞缪尔铺设铁轨的惊人速度引起了人们对其工程质量的怀疑。一位曾在交通部工作的工程师到处诋毁塞缪尔的工程质量，宣称塞缪尔建造铁轨是为了将煤炭从他的私人矿山运出，而不是为了乘客和发展俄罗斯经济。政府委员会对一些项目展开了调查，但并没有发现问题。让塞缪尔自豪的是，他承建的铁轨终其一生从未发生任何事故。

就像约瑟夫·奥本海默一样，塞缪尔·波利亚科夫也是犹太人所说的"被同化者"——试图脱离本民族、融入其他族裔的犹太人。他对童年成长的那个犹太村庄印象不佳，不再遵循犹太教的法律，只说俄语，并效仿俄罗斯贵族朋友们的衣着和言谈举止。

从生意小有起色开始，他就切断了与犹太社会的联系，甚至不同意雇用犹太人。塞缪尔慷慨地为一所俄罗斯青年学校、多家剧院和博物馆捐赠，而当时的犹太人几乎从未这么做过。

但是，成为俄罗斯人只是他的一厢情愿。与他交好的俄罗斯贵族朋友们、赞赏他的同事们、热爱他的工人们，都称他为"犹太人波利亚科夫"。当年的有钱人都以获得贵族头衔为荣。他和弟弟拉泽都绞尽脑汁希望获得贵族头衔，但均无功而返。帝国政府可以授予他投标书，但不愿意看到犹太人成为贵族。

40 多岁后，塞缪尔对犹太人的态度开始转变。他开始雇用犹太人，为犹太裔工厂厂主和农场主提供贷款，并向犹太教堂和犹太儿童学校大量捐款。在圣彼得堡，他为无家可归的犹太人建立了一个庇护所，并为犹太青少年建立了一个职业技术学校体系（至今依然在运行）。

1888 年，塞缪尔·波利亚科夫病逝，享年 51 岁。此前不久，他的一位初级合伙人自杀了，塞缪尔在震惊和恐惧中参加了葬礼，据传言，塞缪尔受此惊吓而死。

史蒂夫·沃特海默

Stef Wertheimer

10/

史蒂夫·沃特海默：
刀具巨头的创始人

　　2006 年 5 月的一天，我接到了实业家埃坦·沃特海默（Eitan Wertheimer）的电话。当时，我是以色列主流媒体 Ynet 新闻网的经济记者。沃特海默先生邀请我和几位同事一起飞往美国，报道那里即将举办的一场活动。"这是一个惊喜。"他神秘兮兮，没有透露太多细节。

　　埃坦·沃特海默是伊斯卡（ISCAR）集团的主席，该集团是以色列最大的公司之一，也是世界上最大的刀具制造商之一。听着电话中他兴奋的声音，我感觉到将有大事发生。

　　抵达美国后，我们见证了以色列历史上最大的并购交易。亿万富翁沃伦·巴菲特掌控的伯克希尔·哈撒韦公司（Berkshire Hathaway），以 40 亿美元的价格收购了伊斯卡 80% 的股份。巴菲特一贯谨慎、精于算计，这是他第一次收购美国境外的公司。我们参加了巴菲特的投资者年会，他站在台上宣称："我从来没有见过像伊斯卡这样神奇的公司。"

"问题少年"

1926 年，史蒂夫·沃特海默（Stef Wertheimer）出生在德国的基彭海姆村。父亲尤金经营着一家面粉厂，他曾在德国军队服役，在第一次世界大战中负伤后依靠假肢行走。

尤金是一位严厉的父亲，常常用手杖打孩子们。史蒂夫聪明而叛逆，他会肆无忌惮的用恶作剧来捉弄父亲。8 岁生日那天，他偷吃了一块生日蛋糕，被父亲打了屁股。9 岁生日时，他变本加厉，偷吃了整块生日蛋糕。

史蒂夫 6 岁时，阿道夫·希特勒在德国掌权，大多数沃特海默家族成员从德国逃到美国、英国或巴勒斯坦，留在德国的成员，无论男女老幼全部被纳粹杀害了。

1937 年，尤金带着家人以及从面粉厂拆下的机器，逃往当时英属巴勒斯坦的特拉维夫。就像那些年从欧洲移居到巴勒斯坦的许多犹太人一样，他们必须学会希伯来语，并适应炎热的气候和新的习俗。在新国家里，史蒂夫感到不自在，因为他来自德国，而周围的孩子们多数来自巴勒斯坦或者其他国家。

在特拉维夫，尤金重建了面粉厂，同行的激烈竞争，让他越发感到举步维艰。13岁的史蒂夫给父亲出主意如何精简工厂，但心力交瘁的父亲还是把工厂卖掉了。

15岁时，史蒂夫被学校开除。事情的起因是看到老师打一名女生，他路见不平出手相助。离开学校后，他和兄弟兹装成为家庭的经济支柱。幸运的是，技术天分让兄弟俩不愁饭碗。史蒂夫为一家眼镜店和一家相机修理店清洗镜片，后来，他在一家罗盘店做金属蚀刻加工。

在空闲时间，史蒂夫结交了一群同样从德国移民过来的犹太青少年。他们玩球类游戏，在地中海游泳，听古典音乐。在这群玩伴中，他遇到了自己未来的妻子米丽亚姆。当年，米丽亚姆一家人乘坐油罐车逃离了德国。她的姐姐露丝是史蒂夫朋友圈中的一员。16岁那年的一天，史蒂夫和朋友们去露丝家聚会。他早早地就到了那里，发现屋子里只有他和13岁的米丽亚姆。史蒂夫对米丽亚姆一见钟情，他告诉朋友们："我想和她结婚。"朋友们嘲笑他，但他坚持不懈地追求米丽亚姆，终于赢得了她的芳心。此后的岁月里，两人恩爱如初，米丽亚姆成为史蒂夫前进的动力。

作为工程师参战

第二次世界大战爆发后，巴勒斯坦的犹太少年们纷纷加入大英帝国的军队。成年人和少年们在为军方提供武器和物资的工厂工作。四年后，17岁的史蒂夫看到了一份招聘启事。启事上说：

英国军队在波斯湾巴林的一个基地招募一名光学仪器技师；在那里，军舰正在集结，准备攻击日本。他去了巴林，但发现英国人实际招聘的是一名空调技师。既来之则安之，他很快学会了空调修理，并在光学仪器和空调两个领域工作。1944年，他回到以色列，在一家建造桥梁的公司做金属蚀刻加工。

此时，大英帝国开始分裂，殖民地纷纷为独立而战，在英国人离开后，当地人为权力而战。在印度，印度教徒与穆斯林作战；在马来西亚，马来人与华人作战；在巴勒斯坦，阿拉伯人反对犹太人返回家园，阿拉伯人与犹太人作战，并试图驱逐他们。

第二次世界大战后，虽然欧洲的犹太难民们摆脱了死亡威胁，但许多人仍居无定所，四处漂泊，没有一个以本民族为主体的国家。他们希望移民到巴勒斯坦，英国人却试图维持现状，不允许难民迁入。犹太人和阿拉伯人于是各自组建了民兵组织，都与英国人展开游击战，还互相攻击。1948年，英国人离开了巴勒斯坦，犹太人宣布在以色列的部分土地上建立了独立的以色列国。埃及、约旦、叙利亚和黎巴嫩等邻国（其居民是阿拉伯人），站在巴勒斯坦的阿拉伯人一边，向以色列国宣战。

史蒂夫加入了犹太民兵组织。考虑到他的技术专长，他被派到一家地下工厂，制造武器弹药。他被英国人逮捕并监禁了4个月。战争爆发后，史蒂夫和朋友们向战场运送武器弹药。有几次，他和同事们发明的新机械装备救了以色列士兵的命。史蒂夫所有的朋友都上战场了，有些人不幸阵亡。米丽亚姆也参军了，两人甚至在民兵基地里还偶遇过一次。

1949 年冬，战争结束，以色列获胜。阿拉伯军队规模更大，但许多犹太士兵经历过"二战"，经验、组织性和决心都更胜一筹。以色列和阿拉伯人之间，后续又爆发了几场战争。以色列发展了一支强大的军队和庞大的军备工业。战后，史蒂夫以平民身份被派往以色列北部的一家政府火箭工厂工作。

战争刚一结束，史蒂夫和米丽亚姆就结婚了。他们离开了中部城市特拉维夫，搬到了史蒂夫所在的工厂附近。一开始，他们住在基布兹姆集体农庄，大女儿艾里特在此出生。集体农庄成员不允许拥有私人财产，孩子和父母不得住在一起。史蒂夫特立独行的个性显然与农庄生活格格不入。一年后，他们全家搬到以色列北部的纳哈利亚小镇，买了一块地，搭建了一个小木屋。

史蒂夫希望发挥特长，继续研发更先进的武器。但是政府只允许授权的工程师进行武器研发，没有受过任何正规教育的史蒂夫只能在生产部门工作。史蒂夫感觉很无助，他与上司争论，但无济于事。

1951 年，儿子埃坦出生。为了兼顾工作和家庭，史蒂夫决定辞职并创业。由于缺乏资金购买重型设备、雇用工人，他只好选择生产一些简单的工业用刀片。他购买了一些硬质合金金属和一台简单的研磨机，然后坐在小屋的金属棚里磨刀片。他骑着自行车跑工厂，一家家推销产品。米丽亚姆负责管理仓库和账目。1952 年，伊斯卡公司正式成立。

从小棚屋到大型工厂

万事开头难！很多工厂需要的是较大的刀片，而史蒂夫因财力和人力所限只能生产小型刀片。由于银行拒绝放贷，一家人被迫削减在杂货店的食物支出，从牙缝中省钱用于生产。经过不懈地努力，四家工厂成为史蒂夫的第一批客户。这段时间，埃坦患上了小儿麻痹症，在另一个城市住院治疗。两年间，夫妻俩在家庭、儿子的医院和工厂之间疲于奔命。后来，虽然埃坦终于康复，但一只眼睛失明了。

史蒂夫和米丽亚姆经历的磨难并不鲜见。20 世纪 50 年代，以色列是一个非常贫穷的国家。在几年内，它接纳了 100 多万犹太难民，其中一些人是欧洲种族灭绝的幸存者，另一些人则来自北非和中东国家。以色列的人口规模增长了两倍。起初难民们住在帐篷和锡棚屋里，政府实行食物配给。但是，情况迅速改善。德国向以色列支付了巨额赔款。现代化的城市、国营和私营工厂纷纷建起。以色列的 GDP 以每年 6% 的速度增长，到 20 世纪 70 年代，国民生活水平已经接近西方国家。

伊斯卡工厂比国家的发展速度更快。1954 年，以色列政府开始建设覆盖全国的运水系统，向史蒂夫订购用于管道钻孔的钻头。史蒂夫扩大车间，购买新机器并雇用了三名工人。1957 年，史蒂夫雇用了十五名工人。他把车间从小棚屋搬到一个生产基地，并开始生产用于制造刀片的金属。

1958 年，史蒂夫开始涉足出口贸易。他带着一箱刀片坐船到希腊，找到一家销售雕刻工具的商店，店主对他的刀片刮目相看，立刻成交。他继续坐火车前往南斯拉夫和瑞士等欧洲国家，获得了更多的当地客户。最终，他带着总计 5000 万美元的订单回到以色列。

1962 年，史蒂夫在荷兰建厂，为当地市场生产刀片。1966 年，伊斯卡雇用了大约 200 名工人，年销售额达到 100 万美元。1967 年，史蒂夫另建了一个专门为飞机引擎生产刀片的工厂。1971 年，他在美国设立了一家营销机构。

20 世纪 70 年代，伊斯卡迎来了经济效益的飞速增长。伊斯卡的技术经理约西·帕诺发明了一种新型的"自握"工业刀片，并注册了专利。旧式刀片有一个缺点：很难把刀片和要切割的材料连接起来。"自握"刀片解决了这个麻烦，帮助伊斯卡成为美国工业巨头普惠公司的供应商。

1979 年，伊斯卡的销售额达到 1000 万美元；1983 年的销售额约为 3200 多万美元。此后，公司的销售额年增长率约为 20%。工厂不断扩建，纳哈利亚小镇变得越来越拥挤。1982 年，公司迁往以色列北部特芬山的现址。史蒂夫在以色列两家工厂的雇员达到 5500 人，薪资水平高于当时以色列的其他工厂。工厂的大多数雇员从事研发，相对简单的制造交由机器人完成。1998 年年初，伊斯卡进入中国，伴随中国制造业的发展而快速增长，目前在中国设有 22 家工厂和办事处。

1957 年，米丽亚姆生下次女鲁蒂。1963 年，次子易福德降生。长女艾里特和长子埃坦自幼帮助父母承担家务，在工厂工作。埃坦说："对我们来说，没有所谓的休息。我从 6 岁起就开始工作了。"史蒂夫在荷兰设厂后，全家一起搬到荷兰，在那里住了一年半。他们的生活也在不断改善。他们离开了小屋，搬到一个宽敞漂亮的公寓，后来又搬到一处豪华别墅。每年，全家都去瑞士滑雪度假。史蒂夫不再骑自行车，他买了一辆豪车，后来又购入了一架私人飞机。

商场得意，政坛失意

尽管以色列的经济快速增长，但贫穷和严重的社会问题依然存在。功成名就的史蒂夫，决定帮助那些和他有相同经历的年轻人。1964 年，他出资建立了一所面向贫困青少年的职业技术学校，聘请一位教育界的朋友担任校长。学生们享受免费午餐，在学校学习理论课程，在伊斯卡工厂获取实践经验，从而取得一技之长，这所学校一直开放至今。

史蒂夫的理想远不止此。他为伊斯卡聘请了职业经理人，以便腾出时间和精力涉足政界。1977 年，他顺利当选以色列国会议员，但未曾想到此后的政坛之路步履维艰。史蒂夫本质上是一名商界管理者，而不是政治家。他习惯发号施令，而不是与他人辩论和磋商。他对国家改革有深思熟虑的系统构想：减少官僚主义和政府开支，将国企私有化，建立工业区，投资职业教育，削减失业福利，为低收入工人增加福利。但是，没有人听他的，提议他未能悟透：在西方政治中，光有想法是不够的，还应当培养人脉和个人威望。直接冲动的个性，使他无法融入政治体系。1981年，带着对这段从政经历的不平和愤怒，他回到伊斯卡公司。后来，政府确实推行了他提出的大部分改革措施，但此时他只是一个旁观者。

缺乏政治天赋，也给史蒂夫增添了生活中的麻烦。工厂从纳哈利亚迁至特芬之后，他决定在附近山顶上建造一个高档别墅区，自己也搬过去住。他召集了有意加入的富裕家庭，要求当局批准别墅区的建设计划。

但是，附近贫困小镇马多的居民，也想在同一山顶上建一个新社区。会谈中，镇长什洛莫·布哈提出一个解决方案：居民们把新社区建好后，史蒂夫和他的富豪朋友们可以加入。史蒂夫诚实地回答道："但是，我们（富人）不想（和穷人一起）住在你的城镇。"他还傲慢地评论自己的支持者和那些依靠福利生活者之间的区别。镇长听后气愤地离开了会议室。

1984年，山顶社区最终被一分为二：贫民社区和史蒂夫的"卡弗尔威尔第"高档社区。史蒂夫和布哈结下了私怨，两人在法庭上论战，在以色列媒体上互相中伤。蹭热度的政治活动人士参与了争论，并发表看法，有些人反对布哈，有些人反对史蒂夫。2000年，布哈表示：史蒂夫的到来为小镇提供了就业机会，提升了小镇的声望。此后，两人才达成和解。

在"卡弗尔威尔第"社区，史蒂夫仅仅生活了五年。1989 年，他深爱的妻子米丽亚姆因癌症去世，享年 60 岁。史蒂夫又回到了特拉维夫。

退休后的事业

在家里，史蒂夫也遇到了麻烦——父子关系不稳定。和史蒂夫一样，埃坦也拥有出众的技术和管理能力。史蒂夫希望埃坦加入伊斯卡，但埃坦拒绝了。父亲强势的家庭教育，给埃坦留下了阴影，他曾经公开谈论父亲："一个人需要尊重父母，但不必去爱他们。"年轻时，埃坦在世界各地漫无目的地旅行，偶尔也会工作。后来他回到以色列，开了一家公司，买下那些财务困难的工厂，理顺后再卖掉。

1983 年，史蒂夫在一次交通事故中受伤，脑震荡使得他半年不能履职。当时在中国香港任职的埃坦立即回到以色列，并同意伊斯卡管理层的要求，在史蒂夫康复之前管理公司。看到儿子工作十分出色，史蒂夫十分欣慰，同时萌生退意。此后，埃坦一直担任公司的首席执行官，直到 1992 年雅各布·哈帕斯（Yaakov Harpaz）接任首席执行官后，他才改任董事长。

埃坦的姐姐艾里特，在伊斯卡担任人力资源总监。妹妹鲁蒂是一位设计玻璃作品的艺术家，后来成为一名成功的高科技企业家。弟弟易福德是残疾人，长期居住在一个治疗社区。

彻底离开伊斯卡后，史蒂夫有时间实现另一个梦想——建立工业园区。他在郊区租地，投资约 1 亿美元建设了 7 个工业园区。这些工业园区为工厂提供场所、设备、信贷和后勤支持。园区配备了自助餐厅、休息场所、花园和博物馆。有一个园区在伊斯卡核心工厂的所在地特芬。另外 4 个园区在以色列北部，一个在以色列南部沙漠地区，一个在土耳其的盖布泽。每个园区都有成千上万的雇员，在以色列的出口加工中占据着举足轻重的地位。

史蒂夫现年 92 岁，以 57 亿美元的身家位列 2018 福布斯全球富豪榜第 315 位，列以色列富豪前 3 位。昔日小棚屋中的家庭作坊，已经成为世界上最大的两家全线模具公司之一，在 60 多个国家设有 130 多家生产、销售和配送机构，可以在几小时内将产品送达全球任何地方。

尽管如此，史蒂夫·沃特海默仍然喋喋不休地抱怨官僚主义、腐败和低效率等社会现状。每次采访他，我都会思考：是什么原因让这样一位富豪如此牢骚满腹，愤愤不平。也许，永不满足正是推动他不断成功的动力。

雅诗·兰黛（本名：艾丝特·门兹）

Esther Men-jtzer

11/

雅诗·兰黛：
美丽王国的女王

倩碧（Clinique）、海蓝之谜（La Mer）、悦木之源（Origins）、MAC、雅男士（Ara-mis）……几乎在世界各地，任何经常逛美容、护发、化妆品和香水店的朋友们对美国雅诗兰黛（Estée Lauder）公司的这些品牌都不会陌生。但是，也许很少有人知道这个美丽王国的缔造者以及她的传奇故事。

1908 年，雅诗·兰黛（Esther Men-jtzer）出生于纽约市的一个移民社区。父亲马克斯·门兹和母亲露丝分别来自斯洛伐克和匈牙利。马克斯曾经是个鞋匠，移民美国后，夫妇俩开了一家售卖工具和家用器皿的小商店，为了养活 10 个孩子而日夜操劳。一大家子挤在一个小公寓里，底层用作小商店。每天放学后，艾丝特和兄弟姐妹们都在店里帮忙。从童年时代起，艾丝特就学会了销售和为客户服务，培养了商业头脑。

这位优雅的瘦高个金发女孩梦想逃离贫困、沉闷的现实世界。多年后，她这样回忆自己的少女时代："我梦想灯光打着我的名字，周围是鲜花和英俊的男人。"

读高中后，艾丝特改名雅诗（Estee），并开始为舅舅约翰·萧兹博士工作。萧兹博士是一位研究药用霜和乳液的化学家。在雅诗的童年时期，他从欧洲移民美国并寄住在雅诗家。他在院子里设立了一个简易的实验室，研发并生产面霜。雅诗使用了舅舅的面霜，在朋友们问及"你的皮肤为什么这么光滑"时，她就借机推销。后来，她开始向商店、理发店、美容院和酒店供货。凭借在父母的小店积累的经验，雅诗很快成为舅舅在销售方面的得力助手。

舅舅的发明使雅诗着迷。她后来说："舅舅是我最伟大的老师，他为我铺垫了成功之路。通过观察他所做的一切，我获得了洞察力。"雅诗终止了明星梦，她想成为一名科学家。

20岁那年的夏天，雅诗在纽约郊区湖边度假时，与约瑟夫·兰黛邂逅。约瑟夫也是犹太人，从事服装销售工作。1930年，两人结婚并移居曼哈顿。三年后，雅诗生下儿子伦纳德后，不再为舅舅工作，只是偶尔销售他的产品。约瑟夫的收入不错，全家衣食无忧。这位全职妈妈又记起了少时的明星梦，她曾经在纽约樱花巷剧院的舞台上演出，伦纳德时常坐在后台陪她排演。在家中的厨房里，她也时常鼓捣自用的化妆品，依稀有个梦想：有一天自己也能开一个"实验室"。

营销奇才，青春露一炮打响

雅诗常去一家美容店，有一天，店主请教她保持年轻肌肤的秘诀。对于雅诗来说，这是一个历史性的时刻，她潜在的创业欲望被唤醒了！她意识到表演不是她的天职，"我想看到我的名字能发光发亮，但我更希望我的名字能够流传在美妆事业中。"

约瑟夫和当年的许多大男子主义丈夫不一样，他鼓励妻子实现梦想。1946 年，约瑟夫出资，两人共同成立雅诗兰黛公司。雅诗担任首席执行官，约瑟夫担任财务总监。当年这样的职位安排是罕见的，即使在化妆品这种被认为是"女性化"的行业，管理层中的女性也是少之又少。

以自己的全名（包含自己的名和丈夫的姓）命名公司，这是雅诗有意为之。当时大多数的美容和化妆品品牌来自法国。在西方，法国人被认为是优雅而感性的民族，法语词汇总让人产生美的联想。"Estee"是法国人的名字，常被用做名叫"Esther"的犹太女性的昵称。她使用法语拼写设计公司标志，以让人感觉这是一家法国公司。

公司创立之初，雅诗就确定了品牌的高端定位。创业当年，她正式发布自有品牌，其主打产品卸妆油和舅舅萧兹发明的面霜进驻了位于纽约时尚中心第五大道的萨克斯百货。客人购买任何产品，均可免费获赠一款粉底。两天内，所有产品销售一空。如今在美容业界盛行的"买正品，赠新品小样"的促销模式，正是源于雅诗当年的营销创举。

作为自有品牌天生的推销员，她经常前往纽约大大小小的美容院，为正在做头发的女士们提供美容服务。在商店里，她有时会随机选择顾客，故作漫不经心地接近，然后突然往她们脸上涂面霜，这种小把戏很管用，她用了很多年。雅诗还采用"打电话、发电报、告诉闺蜜"等最原始的方法推销产品。随着品牌名声的扩张，1948年，她在第五大道开设了第一个自营店。

为了迎合忙碌的职业女性，雅诗自创了一系列快捷的彩妆和护肤步骤。她常常出现在商店、火车、电梯甚至大街上，亲自为客人们示范"变美只需3分钟"并提供咨询。

1953年，雅诗兰黛公司推出了一款由茉莉、玫瑰、香根草和广藿香混制而成的芳香沐浴油——"青春露"。雅诗预感到这将是一款畅销品，便投入5万美元搞了一次构思大胆、迷情浪漫的广告活动——模糊裸体的模特们展示青春露，在业界引起轰动，仅在一年内就卖出了5万瓶。

女性们开始使用香精油来替代昂贵的香水。这款名为香水实际是沐浴油的产品，开始蚕食昂贵的香水市场。针对当时美国女性在经济上非常依赖丈夫的现实，雅诗提出了这样的广告词："用青春露，你就不必绞尽脑汁暗示丈夫了。"

营销活动的规模越来越大，越来越奢华。雅诗以"兼具优雅、智慧与坚强气息"为标准，开始选用大牌电影明星和超模来为产品代言。这一做法成了公司的传统，先后出现在公司品牌代言人名单上的巨星有：伊丽莎白·赫莉、葛妮丝·派特洛、乔安妮·克劳福德、肖恩·凯西、薇露·贝儿、卡罗琳·墨菲、安雅·鲁比克、格洛丽亚·斯旺森和德洛丽丝·德尔·里约热内卢，以及中国的刘雯等等。

新婚的克劳福德，曾在一次采访中这样描述与丈夫相识的场景："我用青春露来诱惑他。"这款产品的销售随之飙升。很有可能，这次采访是雅诗有意安排的营销手段之一。

20世纪60年代初，青春露开始跨出国门，进驻伦敦和香港的哈罗德百货公司以及巴黎的老佛爷商场。在巴黎的商店里，雅诗使出了另一个伎俩：她故作滑倒，把事先打开瓶盖的青春露泼洒在地板上。顾客们很好奇迷人的香味来自哪里，店员指向柜台上显眼位置摆放的青春露。在一次接受媒体采访时，她若有所思地说："他们后来说我是故意这么做的，我永远不会解释。"

青春露还挺进了快速发展的国家的新兴市场，在1981年进入莫斯科，1993年进入上海。1984年，青春露的全球销售总额约为1.5亿美元。

1956年，雅诗推出了第一款双重滋养白金面霜，当时的售价高达115美元（约合今天的1000美元）。令人咋舌的高价甚至让人们把它与毕加索的名画相提并论，前所未有的卓越功效也令世人惊艳。

在 20 世纪 50 年代，雅诗兰黛公司的年销售额从 15 万美元增加到 80 万美元。1964 年，雅诗兰黛公司推出"雅男士"，标志着公司进入了男性香水市场。1967 年，"倩碧"美容和化妆品系列面市，这是公司最成功的产品，也是行业史上最成功的产品之一。随后，公司又相继推出了大约 2000 种个人护理产品。

随着公司的不断发展，雅诗逐渐离开了研发第一线。为了确保雅诗兰黛品牌所有的创新产品都能一如既往地保持自己所坚持的高水准，1967 年，她在纽约创立第一家研发实验室，雇用了数百名化学家和实验室技术员。最初，公司有一定的大规模生产能力，但当产品需求量超过自身产能时，就将生产外包给其他工厂。公司自营的商店和美容院，数量从几十家增长到数百家。合作的销售店，数量从几百家增加到数千家。在 20 世纪 60 年代，雅诗兰黛公司的年销售额达到了数千万美元，在 1989 年达到了 10 亿美元。

成功背后的逻辑

在 20 世纪 70 年代，雅诗·兰黛成为了美国乃至全球最成功的独立商业女性之一。到 20 世纪 80 年代末，她的个人财富达到了 2.3 亿美元，在全球富豪榜上名列前 300 位，也是历史上最富有的独立女性。1999 年，《时代》杂志发布了 20 世纪 20 位商界领袖榜单，19位上榜男性包括：沃尔玛创始人山姆·沃尔顿、微软创始人比尔·盖茨和电影制作人兼迪士尼主题乐园创始人华尔特·迪士尼，唯一上榜的女性就是雅诗·兰黛。

2004年，雅诗·兰黛去世，享年95岁。据估计，她生前的财产约为50亿美元。作为一位来自贫困移民家庭的女性，雅诗能打破玻璃天花板、创立全球最大的美容王国，她的成功并非偶然。雅诗对成功有着强烈的渴望和自我驱动力。从近40岁时决定创业那一刻起，她下定决心要成功。她曾经说："总有一天，我将拥有我想要的一切。"

想要别人爱上自己的产品，自己首先要去爱。在一次访谈中，她这样说："我喜欢我的产品，我喜欢吸入它们的气味，喜欢触摸它们、看着它们的感觉。"这段视频依然在公司网站上播出。

爱美是女性的天性，无论出身贫苦还是富裕。雅诗对于美的概念源于母亲。在她童年的记忆中，母亲喜欢将厚厚的乳霜搽在脸上和手上，也给她用鸡蛋清当作面膜抹在脸上。母亲曾这样告诫年幼的女儿："手能出卖你的年龄。"

"关于我的年龄……亲爱的，那真的一点也不重要"。雅诗认为女人真正的美丽是取决于她是否看起来"容光焕发"，而非年龄数字。她洞察女性的心理，善于言辞，金句不断。敢做敢为敢说、自带流量的女性企业家自然是媒体的宠儿。她频繁出现在电视和报纸杂志上，巧妙地把每　次访谈变成免费的生意广告。与上流社会的艺术家、外交官、代言的演员和模特们聚会，与英国王室的公主们以及美国前第一夫人南希·里根成为闺蜜，这些对她来说既是社交活动也是品牌营销最好的机会。通过这些方式，她成为了公司营销和公关服务的核心。可以说，雅诗本人就是公司最好的代言人。

当然，成功者也都是时代的产物。雅诗涉足化妆品行业正当其时。二十世纪五六十年代，西方国家的物质生活水平出现了前所未有的跃升，同时带动了消费概念的转变。长期困于基本生活的产业工人和中产阶级，不再担心饱了这顿没下顿，他们开始了奢侈消费，包括汽车、电器、玩具、唱片、休闲度假和旅游套餐、高品质食物、时尚服装、珠宝，以及香水和美容产品。对于时尚界的企业家们来说，这是一个大时代。

生活、家庭与家族企业模式

作为优雅的时尚界女王，雅诗生活奢华，她用饰有绿松石的礼服和镶嵌着钻石和红宝石的金色头饰装扮自己，她住在位于公司纽约办公室附近的黄金地段，在伦敦和世界各地购置豪宅以备出差和度假之需，还在佛罗里达和法国里维埃拉阳光普照的海滩置有度假屋。

雅诗和舅舅一直保持着生意上的合作，可以说，没有舅舅约翰·萧兹博士就不会有雅诗·兰黛的辉煌事业。雅诗兰黛公司代理销售他的面霜多年。但据媒体报道，舅舅一直过着普通人的生活，直至 20 世纪 60 年代去世，而当时雅诗已经是百万富翁。在强调家族观念的犹太社会，雅诗的做法显得不近人情。

伦纳德 6 岁时，雅诗与约瑟夫离婚，带着儿子迁居佛罗里达州。但是 3 年后，她告诉朋友们："我不明白，我当初为什么要离开这个好男人。"于是他们复婚。1944 年，次子罗纳德出生，雅诗开始珍惜家庭生活，即使工作再忙也不忘在家人生日时备好巧克力蛋糕和礼品。他们夫妻恩爱，直到约瑟夫去世。

像许多犹太企业家家庭一样，兰黛家族在工作和生活之间没有严格界限。两个儿子伦纳德和罗纳德，从童年时期就开始参与家族生意。伦纳德 25 岁开始在雅诗兰黛公司担任销售经理，后来负责为公司筹建实验室和工厂。罗纳德 20 岁开始在位于比利时的公司工作。

1982 年，74 岁的雅诗把公司的管理权交给了长子伦纳德·兰黛。次年，一直担任财务总监的约瑟夫·兰黛去世。

在首席执行官岗位上，伦纳德一直做到 2000 年。在他的管理下，雅诗兰黛公司的战略变得激进。从 20 世纪 90 年代至今，它不断并购其他受热捧的化妆品公司和品牌。1995 年，雅诗兰黛公司在纽约证券交易所上市。同年，雅诗正式退休，她说："我的家族将继续致力于传承美的信念与使命。"

伦纳德的妻子伊芙琳，在雅诗兰黛工作了约半个世纪。1987年，她被诊断出患有乳腺癌。从那时起直到2011年去世，她一直是全球"粉红丝带"运动的领导者之一。该组织旨在提高人们对乳腺癌的认识，兰黛家族前后向其捐款数千万美元。

雅诗的传记作家说，雅诗需隐瞒犹太人的身份，自称意大利人。在20世纪中期的美国，许多人对犹太人仍然有着消极的刻板印象，雅诗这么做，也许是担心暴露犹太裔身份会影响生意。

值得庆幸的是，此后不久，美国犹太人的境况发生了快速而深刻的变化。美国的高层经济和政治圈向犹太人打开了大门。20世纪80年代，罗纳德·兰黛先后担任美国负责欧洲和北约事务的副助理国务卿和美国驻奥地利大使。

罗纳德与母亲的境遇不同，在对犹太裔身份的认同感上自然也不同。1987年，他创立了罗纳德·兰黛基金会，在欧洲十多个国家资助了37个犹太学校和社区中心，致力于唤醒成千上万犹太青年对民族历史和文化的认同。自2007年至今，罗纳德一直担任世界犹太人大会（World Jewish Congress）的负责人。这是一个旨在保护全世界犹太人权利的非官方国际组织。罗纳德与以色列政界关系密切，在以色列也有商业利益。

目前，雅诗兰黛公司雇佣了大约14万名员工，产品销往约150个国家和地区的约30000个销售点，包括中国约700个城市的 2200 个销售点。2016 年，公司的销售额约为 110 亿美元，净利润约为 16 亿美元。公司在纽约证券交易所的市值约为 350 亿美元（2017 年）。兰黛家族成员持有该集团约 87% 的股份，并被公司管理层和董事会委以重任。伦纳德的儿子（雅诗的孙子）威廉·兰黛，现任集团董事长。

多夫 · 劳特曼

Dov Lautman

12/

多夫·劳特曼：
以色列现代工业之父

本书的大多数主人公都有这样的共性：经历艰难的童年或青少年时期，或在贫困中长大，或因为犹太裔身份受到压迫；没有接受过系统的正规教育；经过长期努力才获得了财富和成功。

以色列实业家、德达盖立（Delta Galil）服装公司创始人多夫·劳特曼，不属此列。他出生于富裕家庭，在世界顶级名校麻省理工学院（MIT）获得学士学位，并迅速获得财富和成功。

1936 年，多夫·劳特曼（Dov Lautman）出生于特拉维夫（当时属巴勒斯坦）。多夫的父亲多里出生于东欧罗马尼亚一个房地产富商家庭。母亲斯特拉出生于波兰的一个纺织商人家庭。在第一次世界大战和战后爆发的骚乱中，这两个家庭都饱经磨难，后来都移民到了巴勒斯坦。多夫有一个哥哥阿雅（Aryeh），在希伯来语中意为"狮子",代表权威;而多夫（Dov）意为"熊",代表力量。

多夫出生后,全家移居波兰,后来又回到巴勒斯坦,开了一家商店,销售从欧洲进口的文具用品。随着第二次世界大战的爆发,多里停止进口生意,开了一家生产圆珠笔的工厂。相对于旧式钢笔,圆珠笔新潮、好用,销路很好,工厂蓬勃壮大。

像许多生活在巴勒斯坦的年轻犹太移民一样,多里和斯特拉不再遵守犹太教戒律。他们住在一幢移民聚居的大楼里,邻里关系友好。一户家庭在楼里开了一家餐厅,居民们在那里聊天、饮酒、聚餐、唱歌。楼里的大多数移民家庭合租公寓,经济优越的劳特曼一家独享一套三居室,家里还有两样当年的奢侈品——一台收音机和一部电话。

早年的多夫,感受到了战乱时期的恐怖。留在欧洲的亲戚们被纳粹杀害。二战期间,意大利空军轰炸了特拉维夫,炸弹在劳特曼家附近爆炸。多夫的父母曾参加一个地下犹太民兵组织。在1948年以色列独立战争期间,炮火在他们所居住的街道上肆虐。在以色列与埃及之间的战争中,18岁的多夫加入以色列军队,担任地雷工程师。

虽然经历了战乱,但是总体上来说,多夫的童年和青年时期是幸福的。他和朋友们在电影院看电影,骑自行车,搞恶作剧,年龄稍长后就和女孩们约会。13岁时,多夫甚至和亲戚朋友去了一趟法国——当年,很少人能有这样的奢华机会。

多夫在一所贵族寄宿学校读书，节假日在父亲的工厂工作。从以色列军队退役后，他被麻省理工学院录取，就读机械工程专业。

在美国期间，多夫遇到了未来的妻子瑞秋。瑞秋是一名舞蹈演员，父母是从俄罗斯移民到巴勒斯坦的犹太人。1958 年，瑞秋随着一群以色列艺术家来到纽约，接受哥伦比亚广播公司（CBS）有关以色列主题的专访。当时，多夫正和一些同学朋友在纽约度假，其中一人被邀请到演播室观看正在录制的采访。录制结束后，艺术家们出去享受闲暇时光，多夫和朋友们也加入其中。在酒吧里，多夫和邻座的瑞秋相谈甚欢。第二天，他打电话到她的旅馆，邀请她和朋友们一起去跳舞。几次约会之后，多夫需要返回波士顿的校园，他邀请瑞秋随行，她同意了。在当时的西方世界，年轻人未婚同居已经可以被接受，瑞秋留在波士顿学习艺术，一年后两人结婚。

不负厚望，崭露头角

完成学业后，多夫和瑞秋选择留在了美国。多夫先后在多家工厂工作，瑞秋为犹太裔孩子们教授希伯来语。父亲多里建议多夫回以色列发展。在多里的以色列实业家朋友中，有一位葛森·罗佐夫，他是特拉维夫塞维里纳纺织厂的老板，当时正在物色总经理。1963 年，时年 27 岁的多夫携妻子瑞秋回到以色列，被罗佐夫任命为这家女性服装厂的首席执行官。

当时的西方女性不流行穿长裙和连衣裙，转而青睐迷你裙。由于迷你裙与尼龙长袜不太配，尼龙袜工厂开始生产以纺织品为原料的袜子。多夫敏锐地捕捉到了时尚变化，在厂里开设了世界上最早的一条纺织品袜子生产线。他经过这次转型，成功地突破了以色列的小市场，将销售拓展到欧洲和美国。

在市场营销方面，多夫也有独到的创意。他以当红电影女明星的名字命名这些袜子，并从电影公司购买版权，在产品包装上印上女明星们的玉照。

多夫善于与人相处。他对工人恩威并重，对供应商公平，对客户友好，对工厂老板敬业。在四年中，塞维里纳公司的年销售额从 90 万美元攀升到 600 万美元。

20 世纪 60 年代，多夫迎来了他的黄金时期。随着制造商开始将工厂从富裕国家转移到贫穷国家，全球化的初步迹象开始显现。当时的以色列比亚洲大多数国家富有，但还不能和美国、西欧国家比肩。在一次去法国的商务旅行中，多夫遇到了富有的犹太实业家伯纳德·吉布斯坦。吉布斯坦正在寻找具有成本优势的厂址，多夫说服他去了以色列。

多夫·劳特曼把吉布斯坦介绍给罗佐夫，三人决定联合成立吉布纺织公司，主要生产女袜。吉布斯坦持有该公司 74% 的股份，罗佐夫持股 21%，多夫持股 5% 并担任首席执行官。吉布纺织公司于 1969 年成立，在以色列较为贫困的北部建立工厂，从以色列政府获得了 1700 万美元的政策扶持。

公司快速发展，在以色列建了 12 家工厂，雇用 4000 多人，成为以色列第一大雇主（当时以色列总人口约为 300 万）。此外，该公司还在韩国和香港设厂，在亚洲销售袜子。吉布公司的年销售额很快达到了 3500 万美元，跻身全球最大的袜子制造商之列。在美国和欧洲，多夫和吉布斯坦雇用了解当地消费习惯的销售人员，以根据当地市场及时调整产品和营销策略。

1975 年正值吉布公司的鼎盛时期，多夫决定带着公司的一些得力助手创业。他卖掉在吉布公司的股份，抵押私人住宅，从银行和投资者那里获得了 1200 万美元资金，在以色列北部开设了一家名为"哈格利"的工厂。为了避开与老东家吉布直接竞争，他决定新公司生产男性袜子和内衣。但是，罗佐夫对多夫的离开依然非常生气。新公司被命名为"德达盖立"（Delta Galil），源于希腊字母"δ"（Delta）形似男性内衣。后来，公司也逐渐涉足女袜和内衣的生产。

在新公司，多夫把他的创新精神发挥得淋漓尽致。传统的内衣颜色非黑即白，采用棉质，风格类似制服的标准款式。而他设计了富有弹性、更舒适的莱卡内衣，有多种款型和颜色可供选择，来迎合时尚潮流的变化。他在纺织品原料中添加化学物质，以防止感染和消除体味。性感而刺激的产品广告，导致了宗教和女权主义团体有组织的示威活动，这反而增加了人们对这些产品的兴趣。

由于产品时尚新潮，德达盖立逐渐成为法国皮尔卡丹（Pierre

Car-din）、英国玛莎百货（Marks & Spencer）和美国莎拉李（Sara Lee）等全球时尚巨头的供应商。德达盖立在英国开了一家工厂，占据了英国内衣市场 10% 的份额，法国市场的 5%，以色列市场的 50%。此后，公司的发展一路顺风而上：1982 年，公司在以色列特拉维夫证券交易所上市；1986 年，公司销售额达到了 1 亿美元；1988 年，萨拉李公司收购了德达盖立 25% 的股份；在 20 世纪 90 年代，年收入达到数亿美元，利润达到了数千万美元；1999 年，公司在华尔街上市，当年销售额达到 3.55 亿美元。

为福祉与和平而经商

以色列的德达盖立工厂约有 5000 名雇员，其中大部分是女裁缝。工人们在崭新、整洁、有空调的车间工作，薪酬和养老金高于行业标准，还有游泳池和剧院的会员身份。工作出色的女裁缝，有机会晋升管理或设计职位。多夫·劳特曼从一个工厂跑到另一个工厂，记住工人们的名字，关注他们的疾苦，他常常个人出资，帮助那些生病或遭遇困难的工人们。

在以色列一些贫穷的阿拉伯族裔村庄，妇女因被禁止外出而没有工作，多夫特意将一些车间设在这些村庄，招聘女工，以改善阿拉伯族裔的经济条件。

1979 年，以色列与最大的邻国埃及签署了和平协议；1994 年，与约旦签署了和平协议。1995 年，在以色列的纺织品行业中，德达盖立率先在埃及和约旦开设大型工厂，雇用了数千名工人。相对于这些贫穷国家的普通企业雇员，德达盖立的员工们享受着梦幻般的待遇：高工资、养老金、清洁并装有空调的工作环境，以及免费餐食。

在这些阿拉伯邻国设厂，商业考虑并非多夫的主要出发点。他认为，这样做可以实实在在地改善和发展以色列与其邻国的关系。在作为记者参观这些工厂的过程中，我发现以色列管理层与当地工人之间互信不足、关系微妙。当我就此询问多夫的看法时，他回答道："烦恼吗？商业关系是防止国家间战争的唯一途径。"

功成名就之后，多夫·劳特曼的生活几乎维持原样。他依然住在特拉维夫，一直开着旧汽车，没有雇用司机，更没有购买私人飞机、游艇或其他奢侈品。他唯一的生活改善，就是搬进了一套比原先更宽敞、舒适的公寓。

多夫最为关注的是社会影响力，而不是物质享受。他曾是以色列制造商协会会长，曾在伊扎克·拉宾内阁中担任总理经济发展特使。他与伊扎克·拉宾和希蒙·佩雷斯等以色列政治家们过从甚密，为他们的政党献金。政治家们听取他的想法，并帮助他在国外设厂、开拓国际市场。此前，以色列工业受益于以色列政府的关税和补贴政策，这招致了经济学家们的批评。多夫试图利用人脉来维持这些政策保护，声称这样做是为了工人们，但最终未能如愿。

1994 年时的多夫·劳特曼处在事业巅峰，他是以色列最富有和最有影响力的人物之一。

丧亲之痛

由于习惯性流产，婚后第六年瑞秋才有了女儿利莫。但是，幸福太短暂了，9个月大时，利莫病死在婴儿床上。

1966年和1969年，他们又有了两个儿子阿迪和诺姆。一些成功的犹太商人注重家庭，参与陪伴和养育孩子。但多夫不是一个好父亲，他忙于工作，休闲时和朋友们一起喝酒直到深夜。瑞秋放弃工作，缩小社交圈，全身心地照顾孩子们。

阿迪和诺姆在学生时代都是优秀生，都曾在精英部队服役，前途大好。诺姆开朗、爱交际、头脑冷静，与父母关系融洽；阿迪则安静而内向，与家人疏远。

1990年，24岁的阿迪在特拉维夫大学经济和历史系学习。他爱上了一位也叫阿迪（全名阿迪·阿格蒙）的20岁女兵。不到一年，他们就住在一起，开始谈婚论嫁。不幸的是，阿迪·阿格蒙被诊断出患有维尔姆斯瘤，这种罕见的疾病在成年人中几乎是不治之症。阿迪·劳特曼放弃了学业，陪伴爱人接受治疗。他曾经对她说："没有你，我不能活下去。"虽然请了以色列和欧洲最好的医生，但是治疗还是失败了，阿迪·阿格蒙于1993年去世。

带着告别的心态，阿迪·劳特曼拜访了不同国家的家族成员，回到以色列后与亲朋好友会面。有一天，阿迪住在父母家。第二天早上，多夫和刚刚就任博物馆馆长的瑞秋都去上班了。当瑞秋回到家时，发现儿子死在沙发上，他吞下了 60 粒安眠药。

多夫·劳特曼夫妇先后痛失一女一儿，世界变得漆黑一片。唯一的孩子诺姆给予了父母极大的安慰，他在阿迪过世后不久结婚，先后生了 3 个子女。多夫虽然没有因为丧失子女而崩溃，但变得孤僻起来，将注意力完全专注在工作上。

全球化的冲击

随着全球化的深入，传统产业正逐步从西方世界转移到中国和东亚。在以色列，繁荣的高科技产业如雨后春笋般涌现，伊斯卡为代表的先进技术工厂也处在上升期。传统纺织业曾是这个小国的主要就业领域，但随着生活水平、生活成本和工资标准的大幅度提高，在以色列雇用工人已经变得越来越不划算，包括吉布和塞维丽娜在内的许多工厂被迫关闭。德达盖立公司将其工厂从以色列转移到埃及、约旦、中国、印度、孟加拉和东欧等国。

曾经称多夫·劳特曼为"我们的父亲"的工人们在年老时被解雇；阿拉伯族裔村庄的女裁缝们，无奈失业回家。过去大唱多夫赞歌的以色列媒体，转而开始攻击他。但是，多夫认为，大裁员是不得已而为之，只有这样才能拯救公司以及以色列北部的管理部门，才能继续雇用上千名设计师、工程师、销售和管理人员。

虽然在以色列和英国关闭了纺织厂，德达盖立公司并没有彻底摆脱困境。由于未能及时适应全球时尚和劳动力市场的变化，公司在过去的十年里依然经历了一场危机，公司宣告亏损，中国工厂在开业几年后即告关闭，数千名工人被解雇。但是，位于约旦和埃及的工厂却没有关闭，这增加了以色列公众对多夫的愤怒。

祸不单行！2003年，67岁的多夫·劳特曼被诊断出患有肌萎缩性脊髓侧索硬化症（ALS）。这个昔日里强壮又活跃的男人，现在连日常生活都必须依仗妻子和秘书的帮助。

多夫继续勉力管理公司，以幽默的方式冷处理疾病。在一次社交活动中，正在被妻子喂食的多夫大声地问一位好奇旁观的女性："你难道不喂丈夫吗？"

2006年，多夫将公司的管理权移交给儿子诺姆·劳特曼。2007年，萨拉李公司将德达盖立公司的股份卖给艾萨克·达巴艾掌控的GMM资本。次年，多夫将部分股份让渡给GMM，后者成为公司的控股股东。在诺姆和艾萨克的管理下，公司焕发生机，又赚了数十亿美元。目前，公司在世界各地的员工总数超过了12000名，其绝大多数的原材料来自中国。

晚年的慈善事业

晚年的多夫·劳特曼，个人财富达到9000万美元，但是他失去了儿女、个人健康，以及打拼一生的工厂。

在生命的最后几年，多夫·劳特曼倾心投入慈善事业。他募集资金建立了一个基金会，为无钱治病的 ALS 患者提供护理人员、支付昂贵的医疗费，并资助有关营养不良疾病的研究。

多夫·劳特曼认为，促进教育既是国家使命，也是个人责任。2008 年，他创立了劳特曼基金会，推动以色列犹太人和阿拉伯人之间的教育平等。他发起了以色列教育促进运动并担任主席，这是一个由教育工作者、商界领袖、学者和第三部门代表组成的广泛联盟，旨在促进以色列贫困家庭孩子的教育和就业。劳特曼还是佩雷斯和平中心的执行主席，是伊扎克·拉宾中心的杰出成员，也是亚伯拉罕基金会的副主席。

2007 年，多夫·劳特曼被授予以色列杰出人物奖，以表彰他对以色列国的巨大贡献。

2008 年，患脑动脉瘤的妻子瑞秋离世。孙辈们成为他最大的安慰，一贯对亲情冷漠的多夫，在含饴弄孙中度过了他最后的时光。

2013 年 11 月 22 日，多夫·劳特曼去世，享年 77 岁。参加葬礼的数百人中，包括以色列总统、总理等政要，商界领袖，德达盖立公司的同事们以及他的家人和朋友们。

多夫·劳特曼被认为是以色列现代工业的先驱者之一。他以创新的理念、首屈一指的管理和领导能力，满足并超越消费者的需求，推动德达盖立公司的成功并达到行业顶峰。但是，多夫·劳特曼之所以广受全国人民熟知和爱戴，更在于他超越种族和政治立场的大爱。

埃德蒙·萨夫拉

Edmond Safra

13/

埃德蒙·萨夫拉：
国际银行家的死亡悬案

1999 年 12 月，摩纳哥的一所超级豪宅里发生了火灾。房主埃德蒙·萨夫拉（Edmond Safra）从大火中逃到了一间浴室。警方接到一个报警电话，称罪犯闯入了大楼。几个小时过去了，消防员们没能把埃德蒙救出来，最终他窒息而死。

萨夫拉家族在世界各地拥有巨大的银行和投资机构，财富高达数百亿美元。由于埃德蒙有过商业纠纷，有人怀疑他死于谋杀。

这一事件立即在全球媒体上引发轰动，让这个长期刻意低调的富豪家族浮出了水面。

周游世界，现金为王

　　萨夫拉家族的故事始于遥远的 15 世纪。当时，这个家族和许多犹太人家庭一样，被逐出西班牙。此后，他们在叙利亚的阿勒颇市生活了数百年。今天的叙利亚是一个非常贫穷的国家，内战频繁。但在遥远的过去，叙利亚曾是，与埃及、伊朗和伊拉克等国并列的世界上主要的商业和文化中心之一。从故土迁徙后，犹太人在这些国家生活了 2500 年。就像在欧洲一样，中东的犹太人主要生活在城市，从事商业和手工劳动。其中有一些人变得非常富有，其中包括萨夫拉家族。

　　萨夫拉家族创办的银行生意兴隆，为政府、贵族和商人提供服务。家族银行在土耳其的伊斯坦布尔、埃及的亚历山大市和意大利的威尼斯都设有分支机构。这家人住在一座石砌的豪宅里，周围环绕着郁郁葱葱的花园。20 世纪初，叙利亚邻国黎巴嫩的首都贝鲁特，正在成为一个现代化的金融中心。他们搬到了那里，家族银行也搬到了那里，从一个一直从事货币和黄金交易业务的传统银行，逐步转变成投资工业和资本市场的现代银行。

　　20 世纪中叶，英法帝国瓦解，它们的殖民地（包括叙利亚和黎巴嫩等阿拉伯国家）纷纷独立。随着阿拉伯国家和以色列之间的战争爆发，阿拉伯国家爆发了骚乱，阿拉伯人杀害并掠夺犹太人。犹太人几乎逃亡殆尽，大部分人移居以色列。

　　从欧洲迁居以色列的犹太人，歧视从阿拉伯国家迁居到以色列的同胞。那些阿拉伯国家的犹太人中不乏成功商人，但是迁居以色列后成了屈辱的临时工。其结果是，阿拉伯国家最富有的犹太人更愿意移民到欧洲或美国，而不是以色列。萨夫拉家族于1949年移居意大利，1952年继续前往巴西，在那里开设了一家银行，主要为从阿拉伯移民来的犹太人服务。

1932年，埃德蒙·萨夫拉出生于黎巴嫩。父亲雅各布管理着家族的大部分生意。埃德蒙有4个姐妹（伊芙琳、阿莱特、加布里埃拉、乌盖特）和3个兄弟（伊莉、莫伊斯、约瑟夫）。从完成学业的那一刻起，男孩们便开始辅助父亲管理生意。

到达巴西后，精力充沛、活跃的埃德蒙决定继续闯荡。24岁时，父亲交给他100万美元，派他前往欧洲的银行中心——瑞士，开设一家新银行——贸易发展银行（Trade Development Bank，TDB）。1966年，他又在纽约开了一家共和国国家银行（Republic National Bank）。

父亲雅各布·萨夫拉于1963年去世，留给了孩子们巨额的遗产。爱德蒙的兄弟姐妹们留在巴西，买下了一家被巴西政府私有化的破产银行，更名为萨夫拉银行（Safro Banco），并开设了一家投资公司、一家汽车和工业设备公司。

雅各布不仅给孩子们留下了钱，还留下了一种成功的金融理念：现金为王。西方世界的金融体系建立在信贷供应增长的基础上，自20世纪中叶以来，许多西方企业都转向了赤字管理。由于此类信贷的高收益，银行和投资机构承担风险，向被杠杆的企业提供信贷。希望超前消费的私人客户承担高额的抵押贷款，用信用卡大肆消费，而银行则从利息中受益。

萨夫拉家族银行的做法不同。他们吸引了一小群喜欢用现金管理资产的高端客户。他们限制提供的信贷额度，拒绝进行杠杆化和冒险性的投资。他们与客户建立了基于个人信任的长期关系，并自我定位为"最安全的银行"。雅各布·萨夫拉说："如果像造船一样经营银行，就可以在银行业的海洋中安全航行，不惧任何风暴。"在家族银行的各地分支机构，都可以看到在他照片下方的这句警言。尽管萨夫拉银行的利润不高，但积累了稳定的现金储备。

除了坚守父亲保守稳健的经营理念，萨夫拉兄弟还采用了新的营销方法来推广业务。例如，老客户如将新客户带到共和国国家银行，将获赠一台电视机。

20世纪80年代，欧洲TDB银行的资产从创立时的100万美元增长到50亿美元。在美国数千家银行中，拥有80家分行的共和国国家银行列第19位。在南美洲最大的国家巴西，萨夫拉银行跻身十大银行之列。在家族银行的发源地中东，业务也迅猛增长。到20世纪90年代，家族银行遍布26个国家，据估计家族财富超过20亿美元。

富婆的第 4 任丈夫

巨额财富让埃德蒙·萨夫拉变得谨慎、内向、多疑。他几乎没有亲密朋友，他害怕结婚，担心妻子会剥削他，偷走财产。在45 岁时遇到莉莉之前，埃德蒙一直单身。

莉莉是一位来自巴西的犹太社会名流，父亲是一位富有的交通企业家。根据她传记的描述，她继承了父亲的一大笔财产，在嫁给爱德蒙之前曾 3 次嫁给犹太富豪。17 岁时，她嫁给了一位纺织制造商，在离婚前育有 3 个孩子。31 岁时，她再婚，收养了一个孩子。第二任丈夫自杀后，她继承了他所有的财产。此后，莉莉认识了埃德蒙，但没有嫁给他。38 岁时，她第 3 次结婚，两周后分居，一年后离婚。1977 年，43 岁的莉莉才嫁给了埃德蒙·萨夫拉。

据媒体报道，埃德蒙要求莉莉签署一份厚达 600 页的婚前协议。萨夫拉的兄弟约瑟夫和莫伊斯不喜欢莉莉，声称她煽动埃德蒙疏远他们。

周游世界的埃德蒙·萨夫拉从未在一个地方扎根，他的祖国是整个世界，他会说英语、法语、意大利语、葡萄牙语、希伯来语和阿拉伯语，他在欧洲和美国购置了多处房地产，以备商务旅行时居住。埃德蒙葬身火海的"利奥波德"庄园，位于靠近摩纳哥公国边境的法国里维埃拉地区，占地 10 英亩。这处房产曾属于比利时国王，目前估价约 7 亿美元，可能是世界上最贵的豪宅，并雇有 50 名园丁。莉莉把埃德蒙带入上流社会，在奢华派对上结交大亨、外交官、歌手和演员。

长期以来，萨夫拉家族一直刻意避免成为公众关注的焦点。萨夫拉兄弟们非常谨慎，他们的文件都是用一种特殊语言写成，只有叙利亚的犹太人才能看懂。

埃德蒙非常担心出名，他尽量避免让自己的名字出现，即使在虚构故事中。20 世纪 70 年代，出生在叙利亚的以色列作家阿姆农·沙玛什出版了一套希伯来语的书籍，这套书后来还被改编成连续剧"米歇尔·萨夫拉和儿子们"，在当地电视台播放。这位作家在童年时就认识萨夫拉家族。这是一个虚构的故事，根据 20 世纪初叙利亚犹太人的真实历史改变。故事围绕着一个名为"萨夫拉"的家族（一个望族，但远不如萨夫拉家族富有）展开，这个家族一直领导着犹太人社区，直到 20 世纪 40 年代逃到以色列（真正的萨夫拉家族在更早时候离开叙利亚）。故事中的家庭角色与实际的萨夫拉家族成员相差甚远。

作者阿姆农·沙玛什称，在书籍付梓之际，埃德蒙·萨夫拉把他请到了瑞士。萨夫拉说："你未经允许且不必要地使用我家族的姓氏，我不喜欢这样。这得改一改。"根据这位作家的说法，埃德蒙提出给钱让他更改书中的家族名。这位作家拒绝了，理由是一些章节已经出版，甚至已经在以色列的学校里授课，改名反而会引起争议和谣言。埃德蒙一听有道理，既成事实，也就不再理会。

多事之秋

20 世纪 80 年代，埃德蒙·萨夫拉卷入了与美国运通银行（American Express）的激烈纷争中。在 TDB 受到南美经济危机的损失后，他把在欧洲的 TDB 银行卖给了美国运通银行。这是一笔失败的交易，后悔的埃德蒙要求回购银行却遭到美国运通的拒绝。埃德蒙于是开了一家新银行，直接与美国运通竞争，并赢回了先前在 TDB 的客户。

据传，青睐现金的萨夫拉家族银行，涉嫌为南美的黑社会和恐怖组织洗钱。谣言迅速传播，媒体也竞相报道。经过调查，埃德蒙·萨夫拉发现这些谣言源自美国运通。他控告美国运通诽谤获胜，后者被迫公开道歉，并以埃德蒙·萨夫拉的名义捐赠了800 万美元。在埃德蒙看来，至少在某种程度上，美国运通对他的诽谤反映出西方常见的对犹太人的刻板印象。埃德蒙从美国运通买回了 TDB，并恢复了自己的声誉。但在他死后，这些指控再次浮出水面。

20 世纪 90 年代，是埃德蒙的多事之秋。随着俄罗斯向西方开放投资市场，他开始在俄罗斯开拓业务。1996 年，埃德蒙建立了俄罗斯最大的投资公司之一"赫密塔吉"（Hermitage），与此同时，他开设的"共和国国家银行"投资了俄罗斯的一些银行。共和国国家银行的运作受到美国反洗钱法的严格约束，因此埃德蒙一贯谨慎、依法行事。据媒体报道，1998 年（萨夫拉死前一年），共和国国家银行向联邦调查局报告，怀疑俄罗斯黑手党为洗钱而在银行存钱，联邦调查局展开了调查。当时，俄罗斯黑手党成员在俄罗斯和其他国家谋杀了数百名银行家，可能正是出于这样的原因，我们无法知道埃德蒙是否收到过死亡威胁，但在某段时期，他雇用了一群曾在以色列安全部队服役的保镖。在英国媒体上发表的一些调查报道声称，埃德蒙死时所在的摩纳哥公国，正是俄罗斯黑手党的天堂。

60多岁时，埃德蒙被诊断出患有帕金森症。他继续环球旅行管理各地的生意。在他的随身团队中，有一位叫泰德·马赫，既是护工又是保镖。从雇请马赫那一刻起，埃德蒙可能已经走向了不归路。

马赫是一个贫穷的美国人，在抚养孩子和向前妻支付赡养费方面遇到了困难，碰巧遇到了埃德蒙。当时，他在纽约一家医院当护士，埃德蒙正在那里接受治疗。马赫看到了有人遗失的一台昂贵相机，马上找到并交还了失主。埃德蒙很欣赏马赫的拾金不昧，就以每天600美元的高薪雇请了他。

埃德蒙的病情逐渐恶化。1999年，在逝世前几个月，他宣布退休，将在共和国国家银行的股份以20多亿美元的价格出售给汇丰银行，并签署了一份详细的遗嘱。

死亡谜案

　　埃德蒙葬身火海的那座豪宅有独立的两栋，他和妻子莉莉各住一栋。火灾发生的那天晚上，他们分房而睡。凌晨5点警报响起，在肚子和腿上都带着伤的泰德·马赫找到一名护士，声称有两个戴着面具的暴徒闯入房子、袭击了他。护士报警后，警察赶到了别墅的大厅，消防部门也随后赶到。马赫被疏散，接受治疗，莉莉也被安全救出。此时，埃德蒙和护士薇薇安·托伦特躲在一间更衣室里，薇薇安给另一名护士打了6次电话，请求救援。警察和消防队员进入了房子，但无法扑灭火焰。凌晨8点找到埃德蒙和薇薇安时，两人早已死亡。

　　后来有消息称，警方不允许消防员或埃德蒙的私人保镖进入房子，因为他们担心有闯入者劫持了人质。据透露，私人保镖们甚至不在大楼里。警方没收了监控摄像头的录像，后来宣布摄像机出现故障。

　　关于这一事件，全球媒体上有无数相互矛盾的报道。泰德·马赫被立即逮捕。4天后，警方宣布他承认故意纵火、自伤，并编造入侵者袭击他的故事。马赫供称，他这样做是为了通过拯救埃德蒙·萨夫拉给他留下深刻印象，因为他嫉妒其他更受埃德蒙青睐的护士，担心萨夫拉会解雇他。马赫在法庭上说，"这是一件傻事"，当时他确信自己能够设法扑灭大火。

　　马赫被判犯有谋杀罪，2007年之前一直被关押在摩纳哥。在调查和审判期间，他的亲属们和莉莉·萨夫拉都认为摩纳哥警方隐瞒了这一事件的真相。获释后，马赫声称自己无辜，当时作伪证是因为摩纳哥警方用威胁他家人的手段逼供。现在，仍有人认为埃德蒙之死是个谜。

低调的慈善家

埃德蒙·萨夫拉被安葬在日内瓦的犹太公墓，随后在纽约举行了一场大型的纪念集会。在这两场活动中，都有数千友人和仰慕者参加。

据报道，埃德蒙没有给兄弟们留下任何东西。他留给每个姐妹 2000 万美元。后来，姐妹们为了从莉莉那里得到钱，不得不诉诸法院。他将近一半的遗产（约 15 亿美元）留给了莉莉，另一半则捐给了慈善机构。

埃德蒙·萨夫拉一生笃信犹太教，并遵守犹太戒律。犹太戒律要求富人匿名捐赠财物给穷人，以避免使捐赠沦为获取美名和政治权力的手段。埃德蒙一生之中的捐赠相对较少，即使捐赠了也远离媒体——就像他做其他事情一样。死前，他曾有意捐一大笔钱，其数额将居历史上最大的单笔慈善捐款之列。莉莉除了自己捐赠外，还负责分配丈夫的遗赠捐款。

埃德蒙和莉莉先后捐赠了几十个国家的机构，资助乳腺癌、帕金森等疾病的医学研究。他们建造医院，建造并翻修了数百个犹太教堂，重建被毁的古老犹太教堂，建造犹太历史和文化的研究机构和博物馆，整修以色列的犹太宗教场所，为犹太儿童建造学校，捐助大学，建立奖学金基金等等。

在埃德蒙死后，兄弟们的生意继续发展。基于现金为王的理念，兄弟俩不涉及保险和信贷，所以在2008年金融危机中几乎没有受到影响，而大多数竞争对手损失惨重。他们扩大了在通信和食品行业的业务，并参与了一些大型并购，例如在纽约购买通用汽车大楼。据估计，萨夫拉集团目前的资产约为710多亿美元。

2006年，莫伊斯将公司股份卖给兄弟约瑟夫，2014年去世。现年79岁的约瑟夫，仍然担任集团的董事会主席。他是世界上最富有的银行家，同时也是巴西第二大富豪，在2018福布斯全球富豪榜上名列第36位，个人财富约为235亿美元。2016年，约瑟夫卷入了一场涉及巴西政府高官的大规模腐败丑闻，并被指控受贿，但很快就被证明无罪。他已婚，有4个孩子和许多孙辈，心平气和地安度晚年。

迈克尔·布隆伯格

Michael Bloomberg

14/

迈克尔·布隆伯格：
从金融信息产业大王到纽约市长

20 世纪，散布在世界各地的犹太人大量移居到以色列或美国。他们中许多人充分发挥了犹太人的优势——企业家精神。以色列的犹太人建立了繁荣的高新技术产业，而犹太裔美国人的成就更为卓著，包括甲骨文公司创始人拉里·埃里森（Larry Ellison）和金融信息产业大王迈克尔·布隆伯格（Michael Bloomberg）在内的一些佼佼者登上了全球商界巅峰。

布隆伯格和埃里森是同时代的人，他们的事业都已成为 20 世纪后期高新技术和通信革命的一部分。两人的先天个性和生活经历大相径庭。布隆伯格在一个标准的中产阶级家庭中长大，孩童和青少年时期就很优秀；而埃里森出身贫苦，中途辍学，成长之路跌宕起伏。

"他认为自己能做任何想做的事"

　　1942 年，迈克尔·布隆伯格出生于波士顿。父亲威廉在波士顿附近梅德福小镇上的一家乳品店当簿记员，收入平平。布隆伯格的祖父母是出生在俄罗斯的犹太人，20 世纪初移民到美国。犹太人在美国享有完全平等的权利，生活在和平与安宁之中。当然美国还是以基督教徒为主流，犹太人只是少数族裔，大多数犹太人居住在犹太社区，在美国社会处于边缘地位。

　　布隆伯格两岁时，他唯一的妹妹马乔里出生了，全家随即迁往父亲威廉的工作地。在梅德福小镇，犹太人寥寥无几。因为基督教徒不希望与犹太人做邻居，他们秘密购置了一栋房子。邻居们既没有骚扰他们，也不和他们交朋友。布隆伯格一家的主要社交生活，就是到邻近一座城市的犹太社区的犹太教堂参加祈祷活动。布隆伯格在学校里的朋友是为数不多的犹太孩子，他的童年在一定程度上是被孤立的。

　　布隆伯格的母亲夏洛特·鲁本斯，也曾是一名簿记员。她和威廉因在同一家公司工作而相识。夏洛特自信有主见，年轻时事业心很强，和当时大多数女性一样，她在孩子出生后就不工作了。但她并不甘心，于是积极投身犹太教堂和犹太社区的志愿服务活动，同时培养孩子，特别是儿子布隆伯格。

　　相比内向的父亲，布隆伯格与母亲的性格更加相近。他思想活跃、不安分、不遵守纪律，并不是个传统意义上的乖学生。母亲这样评价儿子："他认为自己能做任何想做的事。"布隆伯格非常顽皮，爱搞恶作剧，例如，把蛇带到家里吓唬妹妹；在犹太教堂里疯狂骑自行车。但是，布隆伯格也有懂事的一面，他总是尽其所能地帮助父母和亲戚。

随着年龄的增长，布隆伯格变得越来越严谨。放学后，他在一家电器商店打工，在童子军做志愿者。在学校里，布隆伯格积极活跃，在基督徒学生中相当受欢迎，甚至成为学生领袖，这为他日后成为社会领袖打下了基础。他的女朋友多萝西·谢尔曼，也是犹太人。据谢尔曼后来回忆，布隆伯格常常说："我想要成功，赚很多钱，离开这个小镇，去改变世界。"她和朋友们，当时并不能理解迈克尔在说什么。

"改变世界"的梦想，是迈克尔·布隆伯格生命中永恒的驱动力。在犹太教经典中，上帝命令人们"修复世界"。布隆伯格并不是一个虔诚的教徒，也不严格遵守犹太宗教律法，但他将这一条铭记在心。

高中毕业后，布隆伯格到约翰·霍普金斯大学学习电子工程专业。由于父母财力有限，他开始利用课余时间打工，同时从政府和学校积极争取奖助学金。他在学生会也很活跃，甚至还担任过主席。虽然学习努力、成绩优秀，但布隆伯格对从事电子工程工作兴趣不大。本科毕业后，他被哈佛大学商学院的 MBA 项目录取。与 20 世纪 60 年代的许多美国年轻人一样，布隆伯格迷失在享乐主义的生活方式中，学习成绩有所下降甚至沾染上了毒品。

但是，骨子里他没有忘记改变世界的梦想。

1966 年从哈佛大学毕业后，布隆伯格一直定居在纽约，后来成为这个城市的市长。纽约是美国最大的城市，也是全球商业中心。年轻的布隆伯格认识到，这个有 200 万犹太人的城市，是他开启商业生涯的合适地点。

勤勉、有心计的打工者

年轻的迈克尔·布隆伯格怀揣两本毕业证书，孤身闯荡华尔街。由于在商业圈缺乏人脉，他在求职过程中屡屡碰壁。不过，他最终幸运地加入"所罗门兄弟"（Salomon Brothers），成为了一名初级金融分析师。这在一定程度上得益于所罗门兄弟的老板和高管中的许多犹太人，当然求职者中也不乏犹太人，布隆伯格的严谨和热情给面试官留下了深刻印象。

成为一名经纪人（投资经理）之前，一个新手要坐很多年的冷板凳。首先必须在办公室职位上工作很长时间。最初，他坐在狭小的办公室隔间里，从事最基础的手工核账、归档投资组合管理授权书。几个月后，他转到公司的内部档案部门工作，为经纪人搜索信息。再后来，他担任公司的初级行政职位。

在这些不起眼的岗位上，布隆伯格勤奋敬业，每天工作 12 小时，每周工作 6 天。同时，他也努力给老板留下深刻印象。为了和公司首席执行官同步到达办公室，他每天早上 7 点上班。在周围没有其他人的场合，两人自然就有了相对随意的交流机会。布隆伯格后来总结说："成功的80%，在于给人留下深刻印象。"

1972年，在仅仅工作6年后，布隆伯格就成了所罗门兄弟的经纪人，并跻身初级合伙人之列。他在交易时反应敏捷，不放过任何一个盈利机会。当客户犹豫是否接受他的买进或卖出建议时，他会斩钉截铁，直言不讳地大声让客户听他的。事实证明，大多数时候他做出的判断是正确的。他证明了自己是一个优秀的经纪人，并由此获得了高额佣金。

1975年，布隆伯格娶了一名移民自英国的犹太女孩苏珊·伊丽莎白·布朗。他们有两个女儿乔治亚和艾玛。在华尔街大牌投资公司经纪人的职位上，普通人很可能就这么一直做下去，安逸生活直到退休。但是，布隆伯格显然不是这样的平庸之辈，他追求的是改变世界。

20世纪70年代资本市场的管理方式，与今天的互联网时代不同。当时，交易决策所的信息流动缓慢，公司报告以传统邮件方式邮寄给投资者和经纪人，经纪人每隔几个小时通过电话向客户报告股价起落。在当今时代，这些信息都可以在互联网上实时看到。当时的美国计算机技术已经曙光乍现，信息已经可以通过局域网，以电子邮件的形式在计算机之间传输。

布隆伯格是最早预感到信息技术威力的人之一，如果经纪人能快速接收这些信息，那么投资管理就能做得更好。他敦促公司管理层为每个经纪人购买一台电脑，并连接到网络中。

布隆伯格在所罗门兄弟公司一步步晋升。勤奋且执着的性格，使得他敢于顶撞自己认为错误的上级决策。

1981 年，即将步入不惑之年的布隆伯格踌躇满志，但是所罗门兄弟公司毫无征兆地被收购。经历了短暂的失望、痛苦和迷茫后，他决定投入 1000 万美元的佣金和遣散费，投资创立一家借助新技术为金融机构提供资讯服务的公司——"彭博资讯"。

当时，美国经济正处在一个关键的转型时期。人们对于资讯的及时性和准确性的需求越来越强烈，服务业的比重也变得越来越大，计算机的使用将所有的信息电子化，而后通过网络以最为简便的方式传输给用户，这将是人类经济生活的一项巨大的变革和发展的趋势。

售卖信息，摘取第一桶金

现在，迈克尔·布隆伯格终于有机会将他在所罗门兄弟公司工作时未被采纳的提议付诸实践。借助实时传真和电子邮件等先进的信息技术，向投资者和商业人士在线出售信息（股票指数、公司动态、调查、预测、图表和商业分析等），这在当时是革命性的。基于先发优势，彭博资讯从一开始就形成了垄断。

布隆伯格在纽约租了办公室，并招募了 3 位所罗门兄弟公司的前同事，协助他管理公司。1982 年，由于销售数据终端机的成功，彭博资讯得到了国际投资银行美林证券的垂青，后者投资

3000万美元以换取其30%的股份。在几年内，彭博资讯已经成为政府、银行、投资公司、公司高管和私人企业家的基本工作工具。到1986年，公司拥有了5000多个客户。

美林证券的3000万投资，使得布隆伯格如虎添翼。20世纪90年代，他进入传媒业，与路透社等全球媒体巨头直接竞争。他相继成立了彭博广播电台、彭博电视台。随着互联网的发展，他推出了Bloomberg.com网站，将信息在线发送给用户。该网站至今仍是公司的主要收入来源。此外，他逐渐将业务拓展到报纸、杂志、出版社等，短短几年时间彭博新闻几乎包揽了高端金融新闻。

迄今为止，彭博资讯不断发展壮大，《纽约时报》《华盛顿邮报》等著名大报都会订阅它的财经新闻，全球700多家电台都采用它的广播稿。

2004年，在金融数据市场销售收入上，彭博资讯首次超过具有150年历史、全球最大的通讯社路透社，全球大公司订户数量达到25万之多。彭博资讯目前拥有32.5万用户，每个用户支付2万美元的年费。

彭博资讯是一家私人公司，从未在证券交易所发行股票，也没有公布收入或利润报表。但毫无疑问，公司盈利颇丰。根据彭博资讯发布的公开交易信息，1996年其估价约为20亿美元，2008年约为220亿美元。

布隆伯格住在纽约市中心。他的家是一幢带有新古典风格、两翼张开的五层宅，到处都是令人叹为观止的艺术珍品。据媒体报道，他拥有14处住宅，包括在纽约附近的35英亩土地上的别墅，以及美国、加勒比群岛和伦敦的其他豪宅。他还持有飞行员执照，购置了一架私人飞机和一架私人直升机。布隆伯格给女儿们买了一个马场，在她们4岁时请了名师教授骑马。女儿乔治亚17岁就成了一位有实力的骑手，目前是一名职业马术运动员。

但是，迈克尔·布隆伯格与拉里·埃里森等亿万富翁不同，他并没有沉迷于奢侈生活，而是一如既往地勤奋、严谨、不安分，痴迷于工作和改变世界。

他的躁动不安的个性也反映在私人生活中。1993年，布隆伯格与苏珊离婚，即使离婚后，他依然称前妻为"我最好的朋友"。自2000年以来，他与新女友戴安娜·泰勒交往。泰勒是美国银行监管系统的一名高级官员，已离异，没有孩子。

年薪1美元的3届纽约市长

迈克尔·布隆伯格通过经商实现了其毕生的抱负——改变世界，但他不满足于商业上的成功。2001年初，花甲之年的布隆伯格从公司脱身，喊出"愿以年薪1美元为公众服务"的口号，以共和党员身份竞选纽约市长。

2001年9月11日，恐怖分子摧毁了纽约世贸中心双子塔，近3000人死亡，很多建筑物和基础设施被毁，纽约蓬勃发展的旅游业也遭受重创。两个月后，布隆伯格赢得选举。凭借强势的管理风格和精明务实的商业头脑，他成功领导纽约度过了"9·11"和金融危机后最艰难的时期。在城市复苏之后，他迅速推出了一系列的改革举措。

为了化解市民对地铁治安的担忧，布隆伯格坚持每天坐地铁上下班。在拥挤时段找不到座位时，他会站着和市民交流长达半个小时。2004年，他下令将255辆政府用车的警灯和警铃拆除，只保留73辆"特权车"。精简政府机构后，纽约市连续多年保持财政盈余，医院和公共诊所因此获得更多的财政投入。通过扩大警察的逮捕和调查权限以及对非法武器的加强监控，他成功地使犯罪率显著下降。

在治理纽约严重的环境污染方面，布隆伯格尤其成功。他颁布了限制私家车和卡车出行的规定，加强了对污染工厂的执法力度，并立法在公共机构和休闲场所禁烟。纽约的空气污染指数下降了19%，而且至今仍在下降。离任市长职位后，他受聘为纽约市环境规划顾问。

依仗巨额的个人财富，从竞选到执政，布隆伯格得以摆脱党派和利益团体的束缚，高效地推行上述改革。当选后，他大费周章地修改了"纽约市市长不能连任3个任期"的规定。他3次竞选纽约市长的资金高达2.5亿美元，创下了美国自掏腰包参选之最。

但过于强烈地渴望给纽约留下自己的印记的心态，也导致布隆伯格"技术变形",犯下了一些愚蠢的错误。为了照顾居民的健康,他通过了严厉的法规,反对出售垃圾食品和饮料,这些法规被法院判决无效。他还采用企业的管理手段,将公立学校的预算拨款直接与学术成就挂钩。结果,不但纽约公立学校的学术成就没有提高,相对于美国其他地区反而有所下降。这次教育改革的失败,招致了教师和教育专家们的强烈批评。

如今的纽约,从一个喧闹拥挤的大都市变成一个安全洁净的宜居城市,每年吸引游客数量多达 5000 多万,迈克尔·布隆伯格功不可没,也让他赢得了"纽约管理者"的称号。

慈善与公益

2014 年初,在完成了 3 届市长任期后,迈克尔·布隆伯格决定把所有的时间都花在慈善事业上。然而不到一年,他就复出,至今还在管理公司。

作为世界上最大的慈善家之一,布隆伯格在慈善事业上的投入已经超过了 50 亿美元。他向美国、以色列和新兴国家的捐赠超过 25 亿美元,用于医疗保健、教育艺术、帮助穷人以及保护环境。2013 年,他向母校约翰·霍普金斯大学捐助 3.5 亿美元,捐助给盖茨基金会小儿麻痹症项目 1 亿美元。

2016 年,他捐赠 3.6 亿美元创立彭博慈善基金会,在全球 110 个国家推广青少年禁烟。2016 年 12 月 5 日,彭博慈善基金会宣布追加 3.6 亿美元以帮助推动中低等收入国家的控烟行动，此举使得他对国际控烟捐赠的总额达到 10 亿美元。

作为美国"反对枪支"的头号人物，迈克尔·布隆伯格还为他的反对枪支"超级政治行动委员会"（Super PAC）拨款近 25 亿美元。

卸任纽约市长不到两个月，布隆伯格即被时任联合国秘书长潘基文任命为联合国城市与气候变化问题特使。他一直在美国全国范围内呼吁和推动清洁能源。早在 2011 年 7 月，他就向"超越煤炭"运动捐款 5000 万美元。后来，彭博慈善基金会宣布对"超越煤炭"运动追加 3000 万美元，以确保美国在 2017 年以前关闭一半的燃煤电厂。

拉里·埃里森

Larry Ellison

15/

拉里·埃里森：
放荡不羁的高科技巨头

　　美国常春藤盟校的毕业典礼，通常会邀请一些科技界、商界或者文化界的杰出人物去演讲。网传即使在语不惊人死不休的大人物中，甲骨文公司 CEO 拉里·埃里森（Larry Ellison）依然鹤立鸡群。

　　历史上许多成功的犹太人，包括本书中的主角们，并非生来富有。他们中的大多数人出生在小商人家庭，学会了基本的商业思维，继承了家里的少量财富，并在此基础上建立自己的企业。在受歧视和压迫的处境下，经历艰苦奋斗，使得大多数犹太企业家外圆内方。

　　拉里·埃里森有一定的独特性。一方面，他出身贫苦，童年不幸，在完全没有家庭支持的情况下建立了商业帝国。另一方面，与格蕾西娅-比阿特丽斯、梅耶·罗思柴尔德、史蒂夫·沃特海默相比，他没有因犹太裔身份而遭受过歧视或压迫。从而使得拉里桀骜不驯、放荡不羁。

拉里持有甲骨文公司约 1/4 的股份，在 2018 福布斯全球富豪榜上名列第十，个人财富约为 585 亿美元。他创立的甲骨文是当今世界第二大软件公司，在世界各地的 145 个分支机构（包括北京）雇用了超过 13.8 万人。每天，甲骨文为大约 42 万家公司和组织提供常规服务，包括 Oracle 和 MySQL 数据库、Solaris 操作系统、Java 计算语言，以及 ebusiness 和 Open Office 应用程序。

1944 年 8 月 17 日，劳伦斯（拉里）·埃里森出生于纽约市。他的母亲弗洛里斯·斯皮尔曼是一个出身贫穷的孤儿，父母在 20 世纪初从俄罗斯移民美国。母亲生下拉里时，还是一个 19 岁的未婚少女。

据拉里自述，他的生父是一名意大利裔美国士兵，曾在第二次世界大战中服役，在休假期间与弗洛里斯相识并有了短暂的风流韵事，并在不知道她怀孕的情况下回到了战场。

婴儿时期的拉里患上了肺炎，弗洛里斯带着他去芝加哥求助姑姑和姑父。拉里 9 个月大时，崩溃的母亲把他留给了姑姑和姑父。拉里 12 岁时，养父母告诉了他身世。然而直到 48 岁时，拉里才见到自己的亲生母亲。

拉里的养父母生活在一个贫困乏味的工人社区。拉里曾对媒体说，养母莉莲·埃里森为人热情、乐于助人，养父路易斯·埃里森忧郁而严肃。路易斯是一名政府雇员，早年在房地产交易中赚了一小笔钱，但在 20 世纪 30 年代的大萧条时期倾家荡产。拉里说，尖刻的养父很会抓住每一个机会贬损他："你不会成功，你将一事无成。"

显然，养父有眼无珠。

迁移、债务和梦想

学生时代的拉里成绩平平，胆小孤僻，独来独往，却十分注重打扮和享受。许多孩子由父母理发，他却请专业理发师打理。1962 年，拉里高中毕业，离开了养父母，来到伊利诺伊大学香槟分校学习物理学。他学业出色，但在二年级时，深爱着他的养母莉莲被诊断出患有晚期癌症，拉里回到芝加哥照顾养母。不久，养母去世，拉里感到震惊和失落。他没有返校学习，而是像当时许多美国年轻人一样，漫无目的地晃荡了一年，1965 年秋，他被芝加哥大学录取，但仅仅一个学期之后就辍学了。

1946 年，匈牙利裔美国科学家冯·诺依曼发明了计算机。早期的计算机体型庞大、运算速度慢、价格昂贵，当时只有少数大公司和机构才有大型电脑。在大学就读期间，拉里第一次见到了计算机，敏锐地预感到自己将在这个领域扮演重要角色。他决定成为一名程序员，但当时大学几乎没有任何编程课程，在工作中学习是最佳的途径。

于是，拉里决定搬到美国和全球计算机产业的中心——加利福尼亚州。他买了一辆车，驱车从芝加哥到达加州，此后定居加州至今。在加州，他频繁跳槽，虽然赚了一点小钱，但因为挥霍无度很快就陷入了债务危机。

1967年，拉里与艾达·奎因结婚，但这段婚姻并不成功。他在一次采访中坦陈，他曾经借了3000美元（两个月的工资）买一艘船。艾达对此非常生气，对拉里抱怨："你唯一给我的就是债务。"在那一刻，拉里立志成为百万富翁，并且要炫富。拉里和艾达没有孩子，两人于1974年离婚。

在积累债务的同时，拉里也积累了对计算机软件的知识和理解。1973年，埃里森在Amdahl工作，这是一家与IBM竞争的大型电脑生产商，富士通公司拥有其45%的股份。在日本京都出差期间，他陶醉在东方异国情调中，自此成了一个日本文化（特别是禅学）和艺术的终身爱好者。

20世纪70年代中期，拉里加入Ampex电子公司。Ampex计算机的数据库系统中，保存的数据以一种繁琐的方式组织起来。他受命重新组织数据库后，检索了相关主题的专业文献，偶然发现了IBM软件研究员埃德加·科德的一篇论文，科德在文中提出了一种数据库管理的新技术——关系数据库系统。这篇文章改变了拉里的人生。

拉里决定，将科德的想法付诸实践。他将用来管理Ampex数据库的新系统命名为"甲骨文"（Oracle）。"Oracle"是古希腊人认为可以预言未来的女祭司，而计算机在现代世界所扮演的角色就是正确地回答任何问题。

1977 年，拉里与第二任妻子南希·詹金斯结婚，并买了一所房子。南希希望他能安定下来并有所成就，但是拉里自有打算。他拉上两名同事——鲍勃·迈内尔和爱德华·奥茨从 Ampex 辞职，联合出资 2000 美元成立了一家名为"软件开发实验室"（Software Development Lab）的公司，向企业和组织出售基于新方法的数据库管理服务。但南希不喜欢冒险，两人在半年内便离婚了。拉里出资的 1200 美元来自向银行抵押的房子，南希因此也是新公司的合伙人。经过协商，拉里以 500 美元换取她在公司的股权。1979 年，公司改名为关系软件公司（Relational Software Inc.），1982 年，公司又改为现名甲骨文（Oracle）。

征服软件市场

拉里·埃里森的愿景很快就实现了。各种企业和组织的计算机上的数据量持续增加，迫切需要甲骨文这类数据库公司提供服务。甲骨文的客户量不断攀升，其中包括美国中央情报局等大型组织。拉里为公司制定了有效的营销方法，销售经理根据服务合同的时间长短获得提成，由此会努力促成尽可能长期的服务合同。拉里雇用和培养与他有相似品质的程序员：有创造力、好奇心和学习能力强，能不断地提升服务，并与计算机技术的快速发展同步。

拉里对市场变化十分敏感。此时，苹果电脑公司也在快速发展，在计算机和操作系统的研发领域与 IBM 直接竞争。自然，IBM 的数据库服务难以卖给苹果客户。甲骨文趁虚而入，与苹果建立了非正式合作，为苹果客户提供数据库服务。在此期间，拉里认识了苹果公司的创始人史蒂夫·乔布斯，两人个性相近，友谊一直持续到乔布斯去世。

甲骨文公司雇佣了数千名员工，在美国各地设立分支机构，然后进军国际市场。1986 年，公司销售额达到了 5500 万美元，并在纳斯达克上市。1990 年，公司经历了一场危机，濒临破产。销售经理们签售了过多的长期服务合同，导致公司没有足够资金来支付奖金。拉里被迫削减开支，解雇了 400 名员工，公司才得以保全。

对于像拉里·埃里森这样的高科技企业家来说，20 世纪 90 年代是一个伟大的时代。互联网在世界各地传播，在中国和东亚等新高科技市场发展迅速，计算机的使用量飙升，储存其间的信息量更是以令人目眩的速度暴涨。大型软件公司变成了巨人，狂赚了数十亿美元。

甲骨文公司与 IBM 和另外两家年轻公司 Informix 和 Sybase 一起，成为该领域的全球四大巨头。由于管理层陷入了刑事指控，Informix 和 Sybase 分别被 IBM 和微软收购。高科技巨头中，IBM

将大部分资金和精力投入到研发计算机和微软主打操作系统中，甲骨文仍然是唯一主营数据库的公司。1997年，甲骨文公司成为了数据库行业的世界领袖，并且一直保持至今。2005年，公司的销售额为62亿美元。在过去的十几年中，该公司收购了许多大公司，包括以74亿美元的价格收购了软件巨头太阳微系统公司（Sun Microsystems）。

极尽奢华，生活糜烂

拉里·埃里森每年的薪水和奖金高达数千万美元。从2000年到2009年，他的个人收入总计约19亿美元。由于拉里是个出身贫困的弃儿，又渴望炫耀，毫无疑问，这些因素让他过着穷奢极欲和自命不凡的生活。

媒体热衷于追踪拉里狂傲不羁的奢靡生活。据报道，他购买并持有数十个巨大的庄园：在加州豪宅仿造日本皇宫，价值超过1亿美元；在加州的另一处豪宅，有12座大房子围着一个人工湖，拉里会在那里举办奢侈的派对。他还拥有夏威夷州拉奈岛的全部产权；一组私人飞机机队供自己驾驶，其中包括米格战斗机；200辆豪华汽车，其中包括迈凯伦F1等名贵跑车。

作为一个网球迷，拉里拥有"印第安维尔斯"网球俱乐部。他正在收购NBA篮球联赛的一支球队。拉里还经常参加国际帆船赛，并赢得过两次比赛。他的"冉冉升起的太阳"是世界上最大的游艇之一。据报道，这艘游艇造价为 2 亿美元，长 90 米，有 20 名船员、82 个房间、16 个套房、一个健身室、一个水疗中心、一个游泳池、一个电影院、一个足球场和两个直升机停机坪。

1983 年，在甲骨文担任接待员的芭芭拉·布思成为他的第 3 任妻子，这段婚姻持续到 1986 年。第 4 任妻子是美国作家梅兰妮·卡夫，他们的婚姻从 2003 年持续到 2010 年。拉里风流韵事不断，自称"离不开女人，尤其是金发女郎"。曾有报道称他同时和 3 个女人保持关系，曾经邀请过两个情人同时去他家。对于这些报道，拉里并没有否认。

拉里·埃里森和第 3 任妻子芭芭拉育有一儿一女：大卫和梅根。两个孩子都梦想成为电影制片人，拉里投资了 3.2 亿美元，为他们分别建立了一家电影制作公司。女儿梅根·埃里森制作了许多著名电影，包括《美国骗局》（*American Hustle*）和《猎杀本·拉登》（*Zero Dark Thirty*），儿子大卫·埃里森是主流电影《碟中谍》（*Mission: Impossible*）和《终结者》（*The Terminator*）的制片人。

个性乖张，到处树敌

拉里·埃里森个性冲动、不受约束。多年来，他卷入了与同行、客户、美国政府官员、被解雇的员工和高管之间的棘手纠纷，这些纠纷都伴随着巨额诉讼和媒体上的相互指责。

他的对手中包括甲骨文公司总裁雷蒙德·莱恩，后者在公司工作九年后被突然解雇。由于惠普拒绝支持甲骨文的一些服务，拉里开始了一场与惠普高管们的恶斗，辱骂他们为"窃贼"和"骗子"。惠普首席执行官马克·赫德被董事会指控性骚扰一名员工以及夸大公司的财务报表，因而遭到解雇。为了报复惠普，拉里聘请他担任甲骨文公司的首席执行官。

他最大的对手是比尔·盖茨，两人的争斗达到了拉里派私家侦探监视盖茨的地步，侦探们从盖茨家的垃圾箱里偷垃圾以窃取信息。

在媒体采访中，拉里坦陈"我讨厌竞争对手"，"仅仅我成功是不够的，其他人都必须失败。"

捐款慷慨，唤醒犹太人的感觉

尽管个性乖张，但是拉里也不乏人情味。他忠于朋友，很讲义气。虽然对员工要求很高，但他开出的薪酬即使在高科技行业也很有吸引力。他是一个慷慨的慈善家，已经捐赠了数百万美元用于科学、医学和保护濒临灭绝的动物。他建立的埃里森医学基金会筹集了大约 3 亿美元用于资助医学研究，以求在癌症和其他与衰老相关的疾病研究方面取得突破。2013 年，拉里与一群亿万富翁（其中包括比尔·盖茨、沃伦·巴菲特）签署了"捐赠誓言"（Giving Pledge），承诺只将 5% 的财富留给子女，其他捐赠给健康、教育、福利和环境保护。

拉里不信任何宗教，也不遵从犹太戒律。他的养父母属于一个改革派犹太社区，但拉里在童年时代就拒绝参与，似乎犹太血统对他没有任何意义。他的社交圈很少有宗教信仰人士或宗教团体，但在访问以色列后，一切改变了。

以色列是高科技产业的全球中心之一，大多数全球高科技巨头在以色列都有研发中心。甲骨文公司在以色列的 3 个研发中心雇用了大约 500 名员工，其中一个是单独建立的，另外两个是收购当地的公司。

对这 3 个研发中心的多次拜访，唤醒了拉里·埃里森的责任感。他开始觉得自己属于这个犹太国家，他说："我爱上了这个美妙的国家。"并通过捐款表达了这种爱。在出席一次邀请美国富豪为以色列国防军（IDF）筹款的活动时，他突然站起来，捐款 1000 万美元。在一次访问以色列期间，他捐赠 900 万美元，用于在一个军事基地建立一个礼堂。当东道主对他表示感谢时，拉里说："告诉我，怎样才能帮助更多的人。"

70 岁时，拉里从任职长达 37 年的首席执行官位置上退下来，将权柄交给了两位年轻的职业经理人——马克·赫德和萨夫拉·卡兹。他继续担任甲骨文公司的执行董事长和首席技术官。近年来，他一直是老龄化医学研究的大捐助者，并在不断寻找防止衰老和自然死亡的方法。

针对许多人对他"疯子"的评价，拉里·埃里森说："从事研发和发明的人必须明白,在别人眼里他就是疯子。"难怪迈克·威尔逊撰写的埃里森传记名叫《上帝和拉里·埃里森的差别》。

吉尔·舍伍德

Gil Shwed

16/

吉尔·舍伍德：
互联网世界的监护人

    当今世界，几乎所有的计算机或手机都依赖防火墙技术来保护所储存的信息。这项技术的发明人，是以色列企业家吉尔·舍伍德（Gil Shwed），他是捷邦（Check Point Technologies）公司的创始人兼首席执行官。他的发明使捷邦成为世界上最大的信息安全公司之一，自己也以 28 亿美元的身价名列 2018 福布斯全球富豪榜第 901 位。

    1968 年，吉尔·舍伍德出生在以色列首都耶路撒冷。童年时代我们就认识了，我们同住在一个宁静又绿意盎然的中产阶级社区。吉尔安静而内向，但算不上孤僻。他很少参加小朋友们的球类游戏、远足、小冲突或恶作剧，而是将大部分时间花在了最喜欢的"玩具"——电脑上。

吉尔的父亲曾在政府部门担任系统分析师，他曾将吉尔带到办公室。20世纪70年代的电脑庞大而复杂，几乎没有个人电脑。西方大多数大型组织都有电脑，但只有少数雇员能接触到。对吉尔来说，在爸爸办公室玩电脑是最开心的事，他会在电脑前坐上几个小时，玩游戏，学习其他应用。课余时间，他还参加了一个计算机兴趣小组。

当年的高新技术产业尚处在初级阶段，任何菜鸟级的玩家都可以在这个领域工作。13岁时，每当学校放假，吉尔就整天待在学校计算机实验室。14岁时，在高中学业之余，他开始在耶路撒冷希伯来大学学习计算机和数学课程。16岁时，他已经在一家软件公司从事编程工作。

以色列成为高科技超级大国

吉尔的青少年时期，全球的高科技行业正在发生剧变。在讲述吉尔的故事之前，有必要先介绍一下以色列的高科技行业。

20世纪80年代开始，以色列逐步成为全球高科技中心之一。以色列全国人口不足900万，但有4000多家本土高科技公司，大约200家大型跨国高科技公司（包括IBM、英特尔、微软、甲骨文和谷歌）在以色列设有分支机构。特拉维夫是世界上第八大高科技中心（在上海和北京跻身此列之前，它曾经名列第六）。

高科技行业在以色列经济中的核心地位，比其他任何国家都要显著得多。高科技产品出口约占以色列出口的一半。以色列就业人口中，大约 10% 受雇于高科技行业。相比之下，这一数据在欧洲和中国分别为 1.5% 和 1%。拥有五年工作经验的以色列软件工程师，平均月薪为 6000 美元。以色列的生活水平能接近美国、西欧和日本，高科技在其中起了重要作用。

以色列是怎样快速成为"创业的国度"或"第二个硅谷"的呢？

首先，高科技行业的特点与犹太人的精神特质吻合：高科技行业的企业家和员工需要展示创造力、主动性，以及快速学习、发明和快速应变的能力。这些都是犹太人的强项，就像我们在本书中读到的那样。

其次，高科技公司不需要采石场、大型工厂或大量劳动力。对于以色列这样国土狭小、自然资源匮乏的国家来说，发展高科技可以扬长避短。而对于传统工业，以色列侧重于研发，而将制造转移到发展中国家。

最后，以色列最大的高科技公司都由政府创立，目的是为以色列国防军（IDF）开发先进的军事技术。以色列长期与周边多个拥有更多人口、国土面积和自然资源的国家处于敌对状态，这就对军事技术提出了高要求。以色列政府在军事技术的发展上投入了大量资金，研发出的技术也被卖给其他国家以偿还投资。许多以色列民用高科技公司的企业家是从开发军事技术起家，吉尔就是其中一位。

情报人员出身，成功创业

和绝大多数同年龄的以色列青年（男人和女人）一样，吉尔18岁时应征入伍。根据媒体后来披露，他被分配到情报部门，并担任一个团队的负责人。

20世纪80年代，信息通过光盘、电子邮件和局域网在计算机之间传输，而计算机没有配置保护信息的功能。由于担心敌方黑客入侵以色列军用电脑窃取信息，以色列军方开发了一种能保护信息的先进技术，吉尔的团队参与了这项技术的开发。

从军队退役后，吉尔继续从事软件编程工作，先是作为自由职业者承接一些外包项目，后来加入了Orbotech电子公司。

1991年，互联网开始被广泛应用。公司和组织的高管们处于两难境地：一方面，他们渴望利用网络的巨大潜力来推进市场营销和广告宣传；另一方面，他们又担心连接网络会导致商业秘密被窃取。

吉尔捕捉到了市场的变化，决定研发和推广一项保护计算机免受信息盗窃的技术。1993年，25岁的吉尔和两个朋友（Orbotech公司的同事马吕斯·耐克特，服役时的战友什洛莫·克莱默）一起创立了Check Point（意为"军事障碍"或"边境通道"）。他们在耶路撒冷租了一间小公寓，足不出户、夜以继日地开发。

10个月后，他们的第一个产品——Firewall1防火墙项目问世。防火墙可以扫描计算机，让用户决定哪些内部信息可以离开计算机，哪些外部信息可以进入计算机。

当时，吉尔团队没有任何收入来源。在融资方面，他们遇到了难题。大多数高科技投资者和风险投资基金都在美国，而吉尔团队都在以色列，负担不起赴美与投资者会面的开销。他们也无法在互联网上寻找投资者，因为当时的互联网还处于起步阶段。

幸运的是，他们遇到了几位比他们年长、成熟的以色列企业家，由此站稳了脚跟。这些 30 多岁的企业家也住在耶路撒冷。五年前，他们成立了 BRM 公司，开发出第一个反病毒程序后变得富有。此后，他们作为投资人寻找有前途的项目。经过一系列的谈判，最终 BRM 注资 40 万美元换取捷邦 50% 的股权。事后，其中一位投资人以利·巴拉卡特说："这是我做过的最好的投资，我们很快就敲定了。捷邦团队很优秀，我们很清楚他们的产品会改变市场。"

投资人不仅仅投入了资金，他们还让 BRM 的工程师们帮助捷邦改进 Firewall1，提升用户体验。巴拉卡特把吉尔带到美国，并陪同他去寻找顾客。

他们找到的第一批客户是大型软件公司，这些公司迫切需要保护自己计算机网络上的知识产权。1994 年，捷邦签署了一份合同，为软件巨头 Sun 微系统公司 Sun Microsystems 安装 Firewall1。紧随其后的是惠普和甲骨文。许多其他公司和组织也纷纷加入。

1996 年，捷邦推出了世界上第一代 VPN 技术之一。这项技术被用于通过互联网传输安全信息。捷邦年销售迅速达到数千万美元。1996 年正是互联网泡沫期，捷邦在纳斯达克证券交易所上市，市值约为 4.5 亿美元。

捷邦的成功引来了行业的激烈竞争。仿佛一夜之间冒出来许多新公司，它们开发出类似的信息安全技术，并开始蚕食市场。（目前尚不清楚这些竞争对手在多大程度上复制了捷邦的发明，也不清楚它们在多大程度上独立推出了新的发明。）1997 年，捷邦成为世界上最大的信息安全公司，占据了超过 1/3 的防火墙和 VPN 市场。

不得不说，吉尔团队的成功也有时势造英雄的成分。当时，计算机市场和互联网作为整体继续以疯狂的速度增长，因此尽管竞争激烈，捷邦的销售仍在继续增长。黑客们的手段越来越高，网络间谍和网络战争已经成为商业竞争和国家间冲突的主要手段，这为捷邦创造了无尽的机会。

2001 年的高科技行业危机，对捷邦造成了严重的打击。公司亏损，濒临倒闭的边缘，市值几乎被清零。但最终，它还是渡过了难关。即使在危机期间，公司也几乎没有解雇任何员工。2002 年以后，捷邦一直在增长，尽管增长速度要低于最初几年。捷邦已经成为一家跨国企业，总部仍在特拉维夫，并在硅谷、瑞典和白俄罗斯设有研发中心，在另外 38 个国家设有销售中心。2016 年，公司的销售额约为 12.5 亿美元，净利润达到 6.93 亿美元。

"另类"的管理者

自捷邦成立以来，吉尔一直担任首席执行官。联合创始人马吕斯·耐克特一直在公司任职，目前担任公司董事长。另一位合作伙伴什洛莫·克莱默于 2003 年离开，此后在其他高科技公司任职。另外，BRM 的投资者们出售了股份。目前，吉尔拥有约 15% 的捷邦股份。

竞争和技术的发展，迫使捷邦不断地改进和更新产品。为此，他尽可能多地投资于公司员工。除了高科技行业惯常的高工资、高福利（美食和奢华的出国旅行等），吉尔还给予员工尽可能多的独立和自由，让他们可以充分地表达观点，并感受到捷邦不仅属于老板们，也是属于他们自己的。

在接受一家以色列报纸采访时，吉尔说："我不接受那些总是说'是的，是的'的员工，我只接受有自己观点的员工。那些不经思考就接受指令进行操作的人很无聊，不是好员工。在我看来，一个优秀管理者不会具体告诉下属该做什么。他只是指出方向，让下属挑战自身的潜能，引导他们独自应对这些挑战。在我看来，这些才是成功的关键。"

在竞争激烈的高科技行业，员工长时间工作是惯例，即使在西方国家也是如此。但是，吉尔每天只工作 9 到 10 个小时，这也是他为捷邦建立的规矩。在一次采访中，吉尔这样解释道："为私人生活和家庭生活留出时间，是很重要的。从长远来看，这样做也能促进工作。"

吉尔给自己开的月工资仅为 1000 美元，低于以色列的最低工资标准。但是，他获得了总计数千万美元的奖金和期权，总收入在以色列位列榜首。在接受媒体采访时，他说："只有当股东获利时我才会获利，这样好。如果公司业绩不佳我也能获得高薪，就不好了。"

据估计，吉尔名列以色列富豪前十名，在 2018 福布斯全球富豪榜上列第 924 位，个人财富约为 26 亿美元。他住在特拉维夫的一个豪华社区里，坐拥价值 4000 万美元的豪宅。这所被称为"蓝屋"的大型建筑，由钢材和蓝色玻璃组成，周围环绕着一英亩的翠绿花园。这所房子曾经属于罗思柴尔德家族。

吉尔·舍伍德结过两次婚。他和前妻有 3 个孩子，并与前妻是孩子们的共同监护人。他的现任妻子梅塔尔·达尼诺是一名优秀的刑事律师，两人有一个孩子。吉尔把大量的时间和精力倾注在孩子们身上，这与许多商界大佬相反，他为自己是个好爸爸而感到自豪。

印度在高科技行业的强劲发展，使得西方世界（尤其是以色列）的高科技产业正面临着一场危机。相对于西方程序员，印度公司程序员的工资很低（尽管按印度的标准来看，这是非常高的）。许多公司正在关闭或缩小在西方国家的办公室，并将业务转移到印度。这种情况可能会对像吉尔这样的爱国企业家造成沉重打击，他为自己在祖国创造的数千个优秀工作岗位而感到自豪。捷邦尚未在印度设立研发部门，因为信息安全领域在以色列非常发达，在印度尚未发展起来。

吉尔的慈善活动主要集中在教育领域。他在特拉维夫大学的青年学院以及叶科洛特协会（Yecholot Association）出任董事，致力于培养青少年以及减低高中生的失学率。

谢尔盖·米克哈伊洛维奇·布林

Sergey Mikhaylovich Brin

17 /

谢尔盖·米克哈伊洛维奇·布林：
全球信息超级帝国的缔造者

对于英语世界的网民来说，"谷歌"的价值就如同面包和可乐一样。他们在谷歌搜索引擎中获取信息；在 Chrome 浏览器上冲浪；使用谷歌 Gmail 电子邮件与他人联系；旅行时使用谷歌地图、谷歌地球和"Waze 地图"等软件；在谷歌翻译的帮助下阅读外文文本；在 YouTube 网站上观看视频；使用安卓操作系统的手机；借助"谷歌广告关键字"（Google Adwords）获得客户，或者让公司网站在谷歌搜索结果中排名靠前；还可以试乘谷歌的无人驾驶汽车……

上述的所有应用，都属于谷歌公司。谷歌公司运营着世界上最大的互联网搜索引擎，也是当今世界最具影响力的公司之一，在全球 50 个国家与地区拥有约 6 万名员工。在 2018 年度，谷歌及其子公司（许多子公司在美国纳斯达克证交所以谷歌母公司"Alphabet[1]"的名号进行交易）的净利润为 5.4 亿美元。

20 世纪 90 年代中期，谢尔盖·米克哈伊洛维奇·布林（Sergey Mikhaylovich Brin）还是一名研究生。为了完成论文，他参与了一个名为"谷歌"的研究项目。21 世纪伊始，他成为谷歌的联合创始人兼总裁。谢尔盖·布林在 2018 福布斯全球富豪榜上名列第 13 位，个人财富约为 460 亿美元。从一个穷学生到影响世界的成功者，他是如何快速做到的呢？

1973 年，谢尔盖·米克哈伊洛维奇·布林出生于俄罗斯（当时属于前苏联）首都莫斯科。父亲老布林梦想成为一名天文学家，但是在上大学时被录取到数学专业，而不是他所希望的物理专业。他认为，这可能是身为犹太人的原因。大学毕业后，他在苏联政府的经济管理部门工作。谢尔盖的母亲叶夫根雅也学习数学，毕业后在政府天然气和石油研究所担任科学家。

老布林并没有放弃成为天文学家的梦想，他迫切希望移居美国，在美国实现梦想。当时，美国和苏联政府允许一些犹太人从苏联移民美国，布林一家在 1979 年搬到了华盛顿附近的阿德菲市。移民后的最初几年，老布林从事翻译工作，全家艰难度日。数年后，他在华盛顿郊区一所大学担任数学系教授，叶夫根雅则成为了美国国家航空航天局（NASA）的天文学家。

1　2015 年，Google 公司更名为 Alphabet。

学生时代的谢尔盖是西方人眼中典型的"书呆子":天资聪慧,不参加年轻人狂野的派对,而把热情投入到学习和阅读中。和20世纪80年代的许多美国家庭一样,布林家拥有一台个人电脑,对于谢尔盖来说这是让他着迷的"玩具"。高中毕业前一年,谢尔盖就获得了大学提前录取的资格。在父亲任教的大学里,他完成了计算机和数学学士学位,毕业后被斯坦福大学的硕士和博士项目录取。

斯坦福大学位于美国西部的加州帕罗奥多市,是全球高科技产业的中心。在斯坦福,他学习不够用功,迟迟找不到论文的选题,还花了很多时间在海上冲浪以及和女生约会。

两个书呆子,不打不相识

20世纪90年代初,互联网开始被大规模使用,诞生了Archiie、Veronica、Wanderer、Web-crawler, Alta Vista和雅虎等第一代搜索引擎。假如网站的数量和上网用户不多,这些搜索引擎可以运行良好,但是互联网以令人目眩的速度增长,这些搜索引擎的速度就变得越来越慢。而且,在找到著名的、关联度高的网站之前,网络搜索出来的常常是无关的小网站。例如,搜索"首尔"一词,可能排在前面的是首尔的一个水管工网站,翻上数页才能看到首尔市政府的网站。

1995年夏天,在斯坦福大学的第一学年期末,谢尔盖·布林认识了拉里·佩奇。布林带着一群新生从斯坦福大学来到旧金山市区游览，其中有一位新生就是佩奇，他是一个美籍犹太人，和布林一样是个聪明而固执己见的书呆子。布林向新生们介绍了旧金山的城市规划，然而佩奇不同意他的观点，两人进行了一场长时间的激烈辩论。后来，两人回忆起初次相见的感受："我们互相不屑。"但是，他们保持着联系，逐渐成为好朋友。

佩奇专注于学业，在读博的第一年里就选好了论文——互联网。他调查了网络上不同网站之间的联系。为了理解网络上不同网站之间的链接方式，他需要构建一个跟踪算法。构建这样的算法是一项挑战性的工作，大多数学生会选择更容易的研究方向，但是，佩奇知难而上。当他明白凭借一己之力不能建立算法时，他邀请朋友们共同参与，并向斯坦福大学申请，将这个项目视作他们的共同论文。三个朋友艾伦·斯特恩伯格、斯科特·哈桑和谢尔盖·布林，加入到佩奇的团队。谢尔盖说："刚好我的论文还没有选题，拉里的项目对我来说很酷，就像拉里本人一样。"

佩奇团队将他们建立的算法称为"BackRub"，算法能扫描网站并计算出网站之间错综复杂的连接关系。佩奇和布林夜以继日地进行复杂的数学和逻辑运算。一开始，他们沉浸在这项研究本身，并没有想到项目可能产生的巨大实际效益。

几个月后，布林突然明白，BackRub 可以用来构建一个复杂的搜索引擎。要知道，热点网站比小网站和边缘网站有更多的链接。因此，搜索引擎完全可以做到把热点网站列在小网站和边缘网站之前，这种搜索模式肯定优于当时市场上存在的搜索引擎。网站数量越多，这种新搜索引擎的优越性会体现得越加明显。

布林和佩奇说干就干，很快将想法付诸实践，并于 1996 年在斯坦福大学网站上发布。他们称新搜索引擎为"谷歌"（Google），Google 是 googol（10 的 100 次方）的变体，象征着巨大的搜索能力。当谷歌被首次激活并开始扫描网络时，网站管理员们不明白为什么斯坦福的一台电脑会从他们的网站上寻找信息，甚至向斯坦福大学投诉。佩奇和布林的新发明，在斯坦福校园名动一时。

车库中的创业

当时正值高科技产业的"亢奋"时期，计算机和软件公司乘着互联网发展的东风赚得盆满钵满。随着高科技公司的股价飙升，许多年轻的初创企业家从风险投资基金中获得了巨额投资。所有这些都发生在"硅谷"，就在美国加利福尼亚州斯坦福大学旁边。两个在科学家家庭中长大的书呆子，幻想着把谷歌变成一家商业公司，但又担心自己无法驾驭混乱的商业世界。当学校计算机中心提供的磁盘空间装不下他们下载的网页以后，他们决定自掏腰包购买硬盘。在用光了信用卡的透支额度以后，他们决定为谷歌寻找出路。

在教授们的引荐下，布林和佩奇在硅谷展示谷歌。他们与搜索引擎公司的高管们会面，推销谷歌的搜索原理，希望对方采用以升级现有的搜索引擎，但都被拒绝了。他们会见了风险投资家，希望获得投资。一些投资家对此很感兴趣，但对谷歌的估值低于两人的预期。1998 年 8 月，他们见到了 Sun 微系统公司前联合创始人、投资界大佬安迪·贝托谢姆。安迪看完了两人的演示，立刻拍板："我没有多少时间。告诉我公司的估值，我马上签支票。"佩奇回答说："150 万美元。"但是，安迪说："这个估值太小了，它值两倍价值，我要 3% 的股权。"然后马上签了一张 10 万美元的支票。随后，布林和佩奇在汉堡王饱餐一顿庆祝初战告捷。在安迪之后，投资者接踵而至。到 1998 年底，他们筹集了 100 万美元。次年，他们又筹集了 2500 万美元。

此时的布林和佩奇都只有 25 岁，为了全身心投入到谷歌上，他们选择了退学。谢尔盖·布林说，他母亲至今还为自己没有完成学业而生气。当初项目组的两个朋友艾伦·斯特恩与伯格、斯科特·哈桑没有加入谷歌，但后来也都成为了成功的高科技企业家。

布林有一位朋友苏珊·沃西基住在附近的小镇，她家里的车库成为谷歌的第一个办公室。仓库里摆着几台笨拙的电脑，还有一台乒乓球桌，地上铺着深蓝色的地毯，这些都影响了后来谷歌公司的办公室风格。苏珊是一名年轻的犹太企业家，买了一套大公寓，但还房贷有点困难。她很快也加入了谷歌，担任市场经理。通过苏珊，布林遇见了她的姐姐安妮·沃西基，安妮后来成了他的妻子。

创业之初，布林和佩奇还没搞清楚如何将产品变现，投资者们敦促他们在谷歌搜索引擎的主页上投放广告。其他搜索引擎的主页上都有广告，这造成了一种超负荷，使搜索速度变慢；而谷歌页面则是极简风格，因此比竞争对手快得多。其他搜索引擎则按照用户的付费数额决定其在搜索结果的位置，这么做直接曲解了搜索的本意。布林和佩奇坚持专业精神，对投资者们施加的压力置之不理。

此时，美国和全球媒体发现了谷歌，并以极大的热情报道了谷歌：两名学生在读书期间发明了世界上最高效、最好用的搜索引擎，他们在一间车库里工作，筹集了数百万美元，拒绝广告盈利，这些对于媒体来说都是极好的故事。

报道产生了影响，谷歌用户的数量以令人瞠目结舌的速度增长。1999 年，谷歌每天收到 300 万次搜索查询；2000 年，这个数字增加到 1800 多万；2001 年，又攀升到 1 个亿。谷歌成为了英语世界中最常用的搜索引擎。

然后，21 世纪初的互联网危机爆发了。互联网公司的股价暴跌，创业公司纷纷倒闭，投资者也消失了。布林、佩奇和沃西基被迫为谷歌寻找收入来源。他们推出了谷歌广告关键字，支付"位置费"的客户网站可以出现在搜索页面的顶部。

貌似随意的总裁

谷歌广告关键字使得谷歌在没有广告的情况下赚取巨额利润，同时也不影响正常的搜索结果。2002 年，谷歌的收入约为 4.4 亿美元，利润约为 1 亿美元。2004 年，谷歌在纽约纳斯达克交易所上市，市值约为 230 亿美元。此后，谷歌创立或收购了数十家互联网和智能手机企业。员工人数从 2000 年的 150 人上升到 2004 年的 1000 人。

谷歌办公室的特殊氛围和梦幻般的工作环境，吸引了最优秀的工程师和研发人员的加入。公司鼓励员工主动思考、创新。即使在高科技行业，谷歌的薪水也很有竞争力，优秀员工另有红利。办公环境丰富多彩，免费提供丰盛的餐点。在工作休息期间，员工们，打打乒乓球和排球比赛。员工们踩着公司特制的滑板穿梭于办公室之间，晚上会举办欢乐的派对，许多年轻员工之间产生了浪漫恋情，显然，谢尔盖·布林本人也是如此。

2001 年，在投资者的压力下，谷歌任命了一位带薪的首席执行官施密特·埃里克。施密特比布林和佩奇大 18 岁，在 2011 年之前一直担任谷歌的首席执行官，之后一直担任公司董事长至今。在加盟谷歌之前，他曾经管理诸如 Sun Microsystems 和 Novell 这样的大公司。施密特穿西装打领带，非常严肃和职业化。在旁人看来，他似乎在公司相当有权威。

布林和佩奇的言谈举止，还停留在学生时代。他们穿奇怪搞笑的 T 恤和牛仔裤上班；在与员工讨论和面对媒体采访时，他们经常使用诸如"酷""我们觉得就是这样"之类的俚语。谷歌的官方广告中满是他们的内部笑话，听起来就像是那些书呆子们幼稚的俏皮话。例如，谷歌上市时，并没有发行整数的股票，而是发行了 23718281828 股，只有数学家才能明白这个数字。在到不同国家出差的途中，布林继续在当地海滩上冲浪，乘坐他和佩奇俩人合买的私人飞机（一架波音 767-200 或一架阿尔法喷气式飞机）。

但是，了解布林和佩奇的同事们说，这两位创始人的随意其实是在作"秀"。据称，施密特只是执行两位创始人指示的"图章"，而两位创始人并非幼稚的学生，而是有效地管理着数万员工和复杂业务的冷静又精于算计的总裁。

高科技世界的爱情故事

2007 年，布林与女友安妮·沃西基结婚。安妮是一位生物技术企业家，她发现自己认识的许多富人对妻子不忠。这让她很恐婚，尤其是和一个亿万富翁结婚。但是，谢尔盖向安妮保证做一个忠诚的居家好男人。

婚礼在加勒比海的一个小岛上秘密举行，只邀请了 60 名宾客。谢尔盖和安妮不是犹太教信徒，也不参与任何宗教仪式，但是婚礼还是按照犹太传统举行。布林买了一处价值 500 多万美元的豪宅——一座占英地 1500 亩的真正宫殿。婚后，安妮参与开发谷歌的新项目——"谷歌眼镜"（Google Glass），一款展示虚拟世界的眼镜。2008 年，他们生下一子。2011 年又添一女。起初，谢尔盖是一位好父亲，尽管工作繁忙，但他还是尽可能回家带孩子。

但是，他们的幸福很短暂。结婚五年后，谢尔盖与性感美丽的谷歌员工阿曼达·罗森伯格爆出绯闻，被全球媒体传得沸沸扬扬。阿曼达生于香港，父亲是来自英国的犹太富人，母亲是华人。她 25 岁时移居美国，开始在谷歌的公共关系部门工作，比安妮和谢尔盖年轻 15 岁。谢尔盖毫不犹豫地任命阿曼达为谷歌眼镜的公关经理，并将她介绍给安妮参加工作会议。据报道，阿曼达还与谷歌的另一名高管——安卓智能手机部门的副总裁雨果·巴拉有染。

据称，安妮看到了谢尔盖和阿曼达之间的信件，才察觉两人的地下恋情。她很快与谢尔盖离婚。雨果·巴拉也辞职，离开美国，担任中国智能手机巨头小米的副总裁。据报道，他想继续保持与阿曼达的恋情，并希望两人一起定居香港，但被阿曼达拒绝了。

"不作恶""谷歌十大价值观"是谷歌组织文化的核心，谷歌员工一直以此为傲。而现在，提出这些价值观的联合创始人自己也不能以身作则。愤怒的女员工们集体抗议布林的行为，拉里·佩奇也一年没和谢尔盖讲话。但据报道，阿曼达和谢尔盖之间的恋情仍在继续，她至今仍在谷歌工作，只是被调到了一个不直接隶属于布林的岗位。

谢尔盖和安妮仍然保持着形式上的友好关系。除了共同抚养孩子，他们仍然是谷歌慈善基金会的合作伙伴，有时在社交活动中还会坐在一起。安妮的妹妹苏珊继续在谷歌工作，目前担任YouTube 的首席执行官。

谢尔盖难以满足地追求对世界的影响力。谷歌是研发无人驾驶汽车的先驱之一，一旦获得成功，它将从根本上改变人类的交通方式。他在太空探险公司（Space Adventure）投资了大约 50 亿美元，甚至自己也申请了太空游客资格。谷歌基金会投资了可再生能源项目，为印度贫困儿童捐助了数千万美元，帮助他们进入高质量的学校学习。

谢尔盖的母亲叶夫根尼亚患有帕金森氏症。身处异地的谢尔盖无法照顾母亲，他选择向疾病宣战，为她所在的医院捐了大笔的钱，并为帕金森症的研究和治疗筹集了大量资金。

作为美国移民首富，布林在公开场合直言不讳地批评特朗普总统的移民禁令。

45 岁的谢尔盖·布林如今已经成就非凡，未来的岁月他还能给世界带来什么样的惊喜？让我们拭目以待。

珍妮特·耶伦

Janet Yellen

18 /

珍妮特·耶伦：
美国经济的掌舵人

最后我们要讲述的不是犹太企业家，而是一位政府体系中的犹太女性—前美国联邦储备委员会（简称美联储，下同）主席珍妮特·耶伦（Janet Yellen）。一直以来，在政府财经部门担任高级职位的犹太人，数量不亚于私人企业领域。当耶伦获任美联储主席时，全球媒体关注的不是其犹太裔背景，这并不是什么新鲜事。她的任命之所以引起媒体的兴趣，因为她是美联储首位"女掌门"。2018年初，耶伦卸任美联储主席职务，同时结束了她长达18年的美联储生涯。

完美的学生时代

1946 年，珍妮特·耶伦出生于纽约市布鲁克林区的一个中产家庭，有个比她大 4 岁的哥哥。父亲朱利叶斯·耶伦是一名医生，在家中的底楼执业。母亲安娜·布卢门撒尔曾是一名小学教师，后来辞职成为全职妈妈，热衷于管理家庭财务。和多数犹太家庭一样，耶伦家重视子女学业，也充分鼓励孩子发展个性。

据耶伦的一位发小回忆，耶伦上初中时成绩优秀、兴趣广泛。她们同在一个专为跳级生准备的班里上课，周日一起去林肯中心听音乐会，或者去科尼岛上玩旋风飞车。

在汉密尔顿堡高中就读期间，耶伦几乎每科成绩都在年级名列前茅。她描述自己是"埋首桌前的小身影，书和笔散落于桌上"。周末，她在哥伦比亚大学的一个数学和科学优秀生班学习。耶伦喜欢旅游，收集石头，看话剧和读哲学书。在高中毕业典礼上，她作为校刊主编，代表全年级的毕业生进行演讲，她剖析了自己。

当年的一位校刊同事回忆起耶伦，说她是个"典型的 60 年代自由派"，深信教育能解决很多社会问题。她安静、沉着，"似乎从未公开表现出对某件事感到特别兴奋"。

考入布朗大学后，耶伦起初选择了数学专业。但是，上完一堂经济学基础课后，她确定了终身职业——经济学家。她认为，经济学强调逻辑推理，能发挥她的数学特长；经济学涉及就业、福利等民生问题，是能够帮助穷人的工具。

1967 年，耶伦以最优等成绩从布朗大学毕业后，进入耶鲁大学攻读经济学博士学位，师从诺贝尔经济学奖获得者詹姆士·托宾。托宾教授的凯恩斯主义倾向，对耶伦产生了深刻的影响。她学习刻苦，思路清晰，对课程理解透彻。作为托宾的助教，她能把复杂的经济学原理深入浅出地讲出来。

"经济学家"家庭

1971 年，25 岁的耶伦在耶鲁大学获得博士学位，随后在哈佛大学担任助理教授。当时她对从政兴趣不大，更愿意终身从事学术研究工作。

1977 年，耶伦在美联储担任过一年经济学家，其间认识了同事乔治·阿克尔洛夫。次年两人结婚，一同离开美联储，在伦敦政治经济学院教授"宏观经济学"，此后的 16 年间，他们在同一所大学任教，有时合作撰写论文。1980 年，两人回到美国，以全职教授身份执教于加州大学伯克利分校，仍然教授"宏观经济学"课程。他们在学术上夫唱妇随，硕果累累。2001 年，乔治·阿克尔洛夫获得了诺贝尔经济学奖。

耶伦和阿克尔洛夫有一个儿子罗伯特·阿克尔洛夫，后来也成为一名经济学家。耶伦在一次采访中说："我们家里的晚餐，对一个非经济学家来说可能会很无聊。"不过，这个"经济学家"家庭也有兴趣爱好和社交生活。他们集邮、打网球、旅行。去有异国情调的地方度假，如太平洋上的一些岛屿或澳大利亚的内陆地区。耶伦很喜欢为家人和朋友下厨。

在熟人眼中，耶伦外向健谈，善于换位思考。然而，面对压力时，她所表现出的冷静、理性、坚强和处变不惊的个性，令人印象深刻。1989年，旧金山发生了一场大地震。当时，她正在学校的一栋六层办公楼里，大楼摇晃得很厉害。与耶伦同在一间办公室的一位同事后来回忆："墙在摇晃，我以为死到临头了。房间里的每个人都拼命往外跑，耶伦却仍坐在桌子前，面色平静，既不尖叫也不大哭。"

尽管耶伦夫妇对进入商界没有兴趣，但他们依然可以做到收入不菲。纳税申报单显示，2012年，耶伦夫妇拥有的资产约值1300多万美元。其中包括他们从父母那里继承的遗产，工作赚取的高薪和养老金，以及投资收益。

耶伦的研究基于凯恩斯主义，即政府干预经济对市场有益，能创造就业机会、缩小贫富差距。这与美国的普遍观点（政府干预市场有损经济）形成了鲜明对比。以往的美联储主席认为，他们的职责是维护金融稳定，仅此而已。耶伦却提出了一个新的观点：中央银行应承担社会责任。

20世纪90年代初，耶伦发表学术论文，对美联储时任主席艾伦·格林斯潘的政策进行了尖锐批评。格林斯潘设定了高利率，认为美联储的主要作用是防止通货膨胀，以维持经济稳定。而耶伦则认为，格林斯潘制定的高利率阻碍了企业创造就业的能力。

预警金融危机

1992 年，比尔·克林顿当选美国总统。克林顿对格林斯潘的金融政策不满，但他并没有解雇这位资深的美联储主席。他想出了一个折衷方案：提拔一位持不同观点的经济学家到美联储高层，以达到牵制格林斯潘的目的。1994 年，克林顿任命耶伦为美联储理事会成员兼经济合作与发展组织（OECD）的美国代表。耶伦举家搬到了美联储总部所在地华盛顿市，丈夫阿克尔洛夫执教于华盛顿乔治城大学。

据耶伦当年的经济学家同事们回忆，她总是与格林斯潘争执不休，"亲切愉快却毫不退让"。但是，直到四年任期届满，克林顿和耶伦都未能改变格林斯潘的高利率政策。1997 年，克林顿任命耶伦为白宫经济顾问委员会主席。耶伦需要帮助总统做出一些艰难决定，例如提高美国的最低工资、防止降低税率等。

当时，许多美国企业正在将加工制造环节转移到中国和其他国家，导致美国就业机会减少，许多政客就此攻击总统。为了避免与反对派直接"交火"，克林顿让顾问出面代言。于是耶伦有时出现在国会听证会上，说出克林顿想说又不便说的："把工作转移到人工成本较低的国家是不可避免的。从长远来看，它将降低美国人的生活成本、提高生活水平。"换句话说，从短期来看，工作机会减少是不可避免的。即使持反对观点的政商界大佬，也赞赏她直面困难的勇气。耶伦的演讲简单朴实，不同于大多数政治家的言辞华丽、幽默风趣，她是为了让听众冷静倾听、理性思考。

2001 年，新总统乔治·布什（小布什）就职，任命了新的白宫经济顾问委员会主席。耶伦重返旧金山，继续任教于加州大学伯克利分校。受到政府工作经历的影响，她开始变得乐意从事公职。2004 年，耶伦被任命为旧金山联邦储备银行行长兼首席执行官，负责美联储在西部的工作，一干就是六年。

从 2004 年到 2006 年，美国房价大涨。为了从利息中获利，美国的商业银行无视风险，纷纷为那些无力还款的购房者提供抵押贷款。很快，房地产泡沫破裂，引发了 2008 年的全球金融危机。

对商业银行的行为进行监督，是美联储主席的重要职责之一。但当时的主席格林斯潘并没有进行干预，甚至都没有发出风险警告。大多数资深经济学家也没有提出预警。

相比之下，耶伦预见到了危机，并一而再再而三地发出金融预警。2005 年，她在一次美联储管理层会议上明确指出："美国存在房地产泡沫。"2006 年，她预言："美国经济将会衰退。"2007 年，她呼吁美联储采取紧急行动，降低利率，并干预银行的活动。她说："这些银行变成了巨大而危险的大猩猩，我们必须加以控制。"格林斯潘却无视这些严正警告，2006 年接任美联储主席的本·伯南克也同样如此。

当金融危机来袭，并且严重到可能摧毁全球经济时，美国政府的应对措施才姗姗来迟。为了避免银行倒闭，美国政府不得不投入大笔扶持资金。时任美联储主席伯南克将银行利率从 5% 调至 0.25%，事实上耶伦早就提出过这样的建议。

权威媒体人士认为，其他资深经济学家其实非常清楚危机即将来临。但之所以没有提出警告，是因为他们与那些导致危机的银行家们有着密切的商业和私人关系。耶伦和商界人士没有任何利益关联，因此敢于说出真相。

2010 年，美国总统巴拉克·奥巴马任命耶伦为美联储副主席。2011 年，耶伦协助奥巴马和伯南克制定《多德-弗兰克法案》，以强化对银行的监管，防止它们鲁莽行事、引发进一步的危机。商界高层对此反应强烈，试图通过关系施压以阻止众议院通过这部法案。但是，在伯南克和耶伦的支持下，奥巴马不顾共和党的强烈反对，通过了这部法案。

2014 年 7 月，伯南克完成美联储主席的任期。许多资深经济学家有意角逐该职位，但奥巴马决定任命耶伦担任。评论人士解释说，总统想要的是一位与商界没有多少利益纠葛的"清流"主席。

与特朗普争论：美国将走向何方？

耶伦被任命为美联储主席时，全球经济危机已经结束，但她依然要面对很多棘手的深层次经济问题。美国的制造业继续迁往亚洲，贸易逆差不断加大，导致外债达到约 20 万亿美元的天文数字。此外，她与现任美国总统唐纳德·特朗普关系糟糕，这可能导致她不能连任美联储主席一职。

自 2006 年以来，美国的债务利率仅为 0.25%。耶伦 2014 年就任美联储后宣布，由于经济状况有所改善，她将提高利率。但直到 2015 年底，她才付诸行动。2016 年，特朗普当选总统。在竞选期间，他经常攻击耶伦，称她未在竞选期间提高利率是出于政治原因，是以一种不被接受的方式影响总统大选。根据特朗普的说法，耶伦试图让美国经济在选举结束之前保持稳定，以帮助对她有任命之恩的上届政府。（特朗普与希拉里·克林顿竞选总统，后者曾是奥巴马政府的国务卿）。特朗普宣称："耶伦应该感到羞耻，她在操纵经济。"并威胁说，他一旦当选就会解雇她。

耶伦在总统大选结束后立即提高了利率，此后继续逐步提高利率。特朗普认为，这证明了他先前对耶伦出于政治动机的判断是正确的。特朗普上台后，两人的关系一度有所改善。特朗普对耶伦正在实施的缓慢而谨慎的加息步伐表示称赞，并宣称，"我对她的工作感到满意"。

但是，深层次的分歧使得两人很难协同管理美国经济。2017年的夏天，两人的关系再度出现裂痕。特朗普试图撤销奥巴马颁布的《多德–弗兰克法案》，他认为，对银行活动的限制正在损害经济增长。耶伦针对特朗普政府对《多德–弗兰克法案》的攻击也做出了回应。她罕见地在公开场合与特朗普唱反调。她甚至公开宣称："任何试图取消《多德–弗兰克法案》的人（特朗普）都没有从金融危机中吸取教训，并可能导致金融危机卷土重来。"

此言一出，舆论界普遍认为珍妮特·耶伦将成为自 20 世纪

70 年代以来首位不能连任的美联储主席。

是非功过，留待后人评说

在美联储主席的四年任期中，珍妮特·耶伦功绩卓越。美国新增 240 万个就业岗位，失业率降至 45 年来新低，股市交易创下 8 万亿美元的纪录……特朗普在发表国情咨文时大肆宣扬的政绩，背后都有着耶伦的功劳。

尽管如此，许多人从内心仍不愿接受一位女性（还是位犹太女性）掌舵美国经济的事实，这种抵触心理甚至从她就任时就已甚嚣尘上。耶伦上任后，一项民调显示：70% 的美国人根本不知道她是谁，许多美国人甚至不知道美联储的存在。对于耶伦来说，遗憾的是，特朗普在竞选期间对她的攻击言论，引起了网民的关注，才使原本只在经济学家和政商圈知名的她为公众所知悉。

反对声浪中充斥着性别歧视的味道。前阿肯色州州长、共和党总统参选人迈克·哈克比称"珍妮特只会大喊大叫"。另一位知名政治活动家拉尔夫·纳德则建议她"听听你丈夫怎么说，他可是一位重量级的经济学家。他会告诉你，什么才是你需要做的"。

2018 年 2 月 5 日，卸任美联储主席两天后，珍妮特·耶伦开启了新的职业征程。她和伯南克一样，以高级研究员身份加入了华盛顿智库布鲁金斯学会哈钦斯财政和货币政策中心，继续为有关经济的公共政策贡献力量。

跋 /

犹太智慧的奥秘

去年春，清华大学出版社经管与人文社科分社的徐学军社长谈及"发现犹太人丛书"的出版计划。我毛遂自荐要担纲编译这套书。夏季我与丹·拉维夫先生在香港进行了面谈。他对犹太民族的情怀以及对中以友谊和文化交流的长期关注令我感动。也激发了我长期以来对犹太民族的探索欲。

在编译过程中，我阅读了两千多万字的犹太律法经文、史料和人物传记等。在拉维夫先生的安排下，我赴以色列访谈本丛书涉及的相关人物，并与出租车司机、酒店服务员等普通民众广泛交流。通过阅读和访问，使我对这个优秀而神秘的民族逐渐有了更直观的认识。

小民族，大影响

犹太人是一个小民族，现人口约为 1 450 万，占全球总人口的千分之二。其中，约 650 万犹太人居住在以色列国，约 530 万犹太人居住在美国，其余则散布在世界各地。然而，犹太人在经济、贸易、科学、技术和文化方面所取得的巨大成就和影响力，比其人口比例大得多。

自 1895 年诺贝尔奖设立以来，犹太人将 22.5% 的诺贝尔奖收入囊中。截至 2017 年，犹太人在 902 位诺贝尔奖得主中占 203 位。在 2018 福布斯全球富豪榜单上，犹太人在前 50 名中占据 10 位。全球领先的高科技公司中，每 10 家中就有 3 家属于犹太人。犹太人担任过俄罗斯、德国、法国和巴西等许多国家的财政部长。在美国，3 位犹太人曾担任财政部长，美国联邦储备委员会的 5 位前主席都是犹太人。犹太人创立了米高梅电影公司、华纳兄弟娱乐公司和环球影片公司，时至今日对好莱坞电影业仍然有着巨大影响。

主流学界将犹太人的成功归因于经济学和社会学领域所称的"人力资本"，也即源自其漫长、复杂、严酷的独特历史中发展起来的文化特征。数千年中，犹太人不断迁徙，有时是为了逃离暴力和迫害，有时是为了寻求更好的经济条件，有时只是出于一种习惯。流散，似乎成了犹太人成功的跳板。

犹太社区的意义

犹太教，要求信徒严格执行涵盖生活方方面面的法规戒律。在数千年的漂泊中，犹太移民生活在封闭的犹太社区里，不与居住国的其他族裔混居，其主因就在于此。

犹太社区成为一个微型的"福利国家"，为穷人提供食物、住房和基本生活必需品。每个犹太社区都建有学校，为3岁至13岁[1]之间的犹太男孩提供免费教育。学校教育侧重于学习和理解犹太宗教经文，这就要求犹太儿童能读会写，学习各种语言和逻辑。男孩还是父亲生意上的小学徒，他们学习手艺、专业知识和学习与人沟通交流。课堂上的教学和生活中的教育相结合，使得犹太少年在进入职场时的竞争力远超其他族裔的同龄人。

远道经商的犹太人能受到当地犹太社区的照顾，可以获取各种商品和资源，从而比非犹太竞争对手更具流动性和竞争力。许多犹太人通晓多种语言：母语希伯来语、旅居国家的语言以及犹太社的特有方言，这对经商来说显然是个竞争优势。

职业限制，被迫"跳出框框"思考

离散中的犹太人，被敌视、歧视和迫害是生活的常态。他们

1　13岁，是犹太男孩的传统"成年礼"年龄。

常常被禁锢在大城市拥挤脏乱的"隔都"，被迫缴纳高额的特殊税，并被禁止从事许多职业。然而，正是这些磨难促使犹太人在被许可的领域里做得更好。他们从事艰苦和被鄙视的金属冶炼加工、染布和演艺业；他们为贵族阶层担当代理人，协助管理资产，冒着被怨恨和报复的风险向农民收税；在基督教和伊斯兰教都禁止其教徒放贷的时代，他们从事借贷以获取利息。

为了不惜任何代价取得成功，犹太人被迫"跳出框框"，在技术和商业模式上大胆创新，进入新市场。久而久之，逐步形成了犹太人特有的商业文化和商业惯例——浑身是胆、懂得随机应变、善于创新和抓住机遇。犹太人的"狡诈"和成功增加了普通民众对他们的敌意——但这也是生存的需要。

对于犹太人来说，19世纪的工业革命是天赐良机。以色列历史学家伊斯雷尔·贝尔特尔教授指出："一小群欧洲犹太人成为工业企业家，甚至成为了与整个工业领域的统治精英交织在一起的寡头。他们充分利用了犹太人的创业传统、流动性以及与各地犹太人的人际网络，取得了巨大成功。"这些犹太寡头创立的商业集团，有的留存至今，跻身当今世界最大的商业集团之列。另有一些犹太人得益于基础教育和逻辑学习的传统，融入了迅速发展的科研和教育领域。

20世纪末期高科技产业的兴起，为犹太人打开了一扇新的财富之门。高科技行业的特点与犹太人的精神特质高度吻合。犹太人从事高科技行业工作的比例，比世界上任何其他族裔都要高得多。

融入并影响美国社会

在犹太复国运动、以色列建国后的国防和经济建设中，美籍犹太人扮演了重要角色。

与饱受迫害的欧洲犹太人相比，美籍犹太人无疑是幸运的。他们一直享有平等的公民身份，未曾遭受法律意义上的歧视。大多数犹太人初来美国时一贫如洗，在移民后的头几年里从事的是低端制造业，生活贫困。但是，他们利用自己的技能、教育、流动性和创业传统，成功地融入了美国社会。

美国皮尤研究中心研究发现，在当今美国社会的 60 个种族中，犹太人的人均财富值最高。数据表明，46% 的美国犹太人年收入超过 10 万美元，非犹太裔美国人的这一比例为 19%。大约 87% 的美国犹太人从事白领工作，这一指标在欧洲裔美国人（白人）和非洲裔美国人（黑人）中分别为 42% 和不到 10%。

基于创业传统、商业和学术天分，少数特别杰出的美籍犹太人做出了革命性的技术发明，开拓了新的商业模式，创立了突破性的高科技和工业企业，其体量甚至达到数十亿美元。还有一些美国犹太人，（相对于犹太人数量）以极高比例进入了跨国企业的高管团队。犹太人在美国商业中心纽约、全球高科技中心加利福尼亚州，以及美国政府机构、大学、好莱坞电影圈、电视和网络等媒体中所占的比例，远远超过了他们在美国人口中的比例。

以色列建国后的新发展

由于自然增长和极高的移民率，以色列的人口在建国后增长了 11 倍。尽管长期与周边多个拥有更多人口、国土面积和自然资源的国家处于军事冲突中，以色列经济依然得以维持，甚至走向繁荣。在《2018 年度联合国人类发展指数报告》所列的 189 个国家中，以色列排名第 22 位，人均国民收入为 32 711 美元，而全球平均水平约为 11 000 美元。

建国后，有 12 位以色列人获得诺贝尔奖。从 21 世纪开始，犹太人获得诺贝尔奖的人数不断上升，达到 28%。在以色列国注册有 4 000 家高科技公司，数量在全球名列第六，人均拥有量名列全球第一。以色列在纳斯达克上市公司数量居美国和中国之后，位列全球第三。以色列在许多领域的研发和贸易方面处于全球领先地位——包括水资源管理和灌溉、消除虫害、药品和医疗设备、钻石、武器和军事技术、软件和在线服务等。

犹太人在其长期的流亡历史中被迫发展起来的教育、创业精神、流动性和快速应变等传统，在以色列建国后得到充分发展，促进以色列科技工作者和企业家不断发明、创造、创业，取得技术和商业上的突破。

以上是笔者在阅读丛书原作者对犹太人成功现象的解读时所记的笔记，希望对读者朋友们有所启发。

感谢徐学军社长和丹·拉维夫先生的信任，让我有幸编译这套丛书。

在不到一年时间内完成整套丛书的编译，是一项极具挑战性的任务，非团队作业难以按时完成。感谢我的加拿大朋友吉尔伯特·斯旺（Gilbert Swann）先生，他为本丛书的编译稿做了文化上的校审。感谢南京理工大学的王靖琦、王蓉、黄徐英子、骆啸天、胡娟、陶家欣、刘甜、孙慕蓉、李恩惠、张津10位同学，他们为本丛书的出版做了许多基础性的翻译工作。

编译者 施冬建

2019 年 3 月 22 日